Sinem Scheuerer, Joachim Scheuerer, Rolf Brüseke

Ein guter Start!

Einstiegskurs Deutsch: Sprache – Werte – Tipps

Kurs- und Übungsbuch mit Audios online
Ausgabe Deutsch – Arabisch

Ernst Klett Sprachen
Stuttgart

Klett-Augmented-App

Alle Audios sind über die Klett-Augmented-App zugänglich – kostenlos erhältlich
im App Store (iOS) oder Google Play Store (Android).

كل المقاطع الصوتية يمكن الحصول عليها عن طريق برنامج كلِت، وهى
متاحة مجانا على متجر (iOS) أو متجر (Android) Google Play.

1. **Klett-Augmented-App**
   kostenlos downloaden
   und installieren

2. App auf Smartphone
   oder Tablet öffnen
   und **Buch auswählen**

3. Eine Buchseite mit **Symbolen
   für Hördateien** aufschlagen und
   Smartphone über die Seite halten

4. Die passenden Hördateien
   automatisch laden, **direkt abspielen
   oder speichern**

1. Auflage   1 5 4 3 2 1 | 2020 2019 2018 2017 2016

Alle Drucke dieser Auflage sind unverändert und können im Unterricht
nebeneinander verwendet werden.
Die letzte Zahl bezeichnet das Jahr des Druckes. Das Werk und seine Teile sind urheberrechtlich
geschützt. Jede Nutzung in anderen als den gesetzlich zugelassenen Fällen bedarf der
vorherigen schriftlichen Einwilligung des Verlags. Hinweis zu § 52 a UrhG: Weder das Werk noch
seine Teile dürfen ohne eine solche Einwilligung eingescannt und in ein Netzwerk eingestellt
werden. Dies gilt auch für Intranets von Schulen und sonstigen Bildungseinrichtungen.
Fotomechanische oder andere Wiedergabeverfahren nur mit Genehmigung des Verlags.

© Ernst Klett Sprachen GmbH, Stuttgart 2016. Alle Rechte vorbehalten.
Internetadresse: www.klett-sprachen.de

Autorin und Autoren: Sinem Scheuerer, Joachim Scheuerer, Rolf Brüseke
Übersetzungen Arabisch: Aly Elbedewy, Dr. Abbas Amin
Lektorat und Korrektorat: Dr. Abbas Amin, Arabisch Lektorat, Regensburg

Redaktion: Renate Weber
Redaktionelle Mitarbeit: Sandra Hohmann
Layoutkonzeption: Marion Köster, Stuttgart; Claudia Stumpfe
Satz: Satzkasten, Stuttgart
Illustration: Vera Brüggemann, Bielefeld
Umschlaggestaltung: grundmann gestaltung, Karlsruhe
Reproduktionen: Meyle + Müller, Medienmanagement, Pforzheim;
Corinna Rieber, Druckvorstufe, Marbach
Druck und Bindung: DRUCKEREI PLENK GmbH & Co.KG, Berchtesgaden
Printed in Germany

ISBN 978-3-12-**676687**-6

Inhalt

Lektion 1 6
A Das Alphabet | B Ich bin … | C Wie geht's?
Wörter und Bilder | Training A, B, C | Sprechtraining

Lektion 2 18
A Woher kommen Sie? | B Welche Sprachen sprechen Sie? | C Zahlen
Wörter und Bilder | Training A, B, C | Sprechtraining

Lektion 3 30
A Im Kursraum | B Die Wohnung | C Wo wohnst du?
Wörter und Bilder | Training A, B, C | Sprechtraining

Lektion 4 42
A Wie alt bist du? | B Verheiratet, was heißt das? | C Was bist du von Beruf?
Wörter und Bilder | Training A, B, C | Sprechtraining

Lektion 5 54
A Der Körper | B Beim Arzt | C Was kann ich für Sie tun?
Wörter und Bilder | Training A, B, C | Sprechtraining

Lektion 6 66
A Essen und Trinken | B Einkaufen | C Guten Appetit!
Wörter und Bilder | Training A, B, C | Sprechtraining

Lektion 7 78
A Wie spät ist es? | B Mein Tag | C Gestern und heute
Wörter und Bilder | Training A, B, C | Sprechtraining

Lektion 8 90
A Bus und Bahn | B In der Stadt | C Welche Kleidung passt?
Wörter und Bilder | Training A, B, C | Sprechtraining

Lektion 9 102
A Meine Familie | B Was machst du gern? | C Mein Leben in Deutschland
Wörter und Bilder | Training A, B, C | Sprechtraining

Lektion 10 114
A Kindergarten und Schule | B Das kann ich gut | C Medien und Deutsch lernen
Wörter und Bilder | Training A, B, C | Sprechtraining

Erste Grammatik 126

Glossar Deutsch-Arabisch 128

Quellenverzeichnis 136

Liebe Kursleiter und Kursleiterinnen,

Ein guter Start! ist ein Deutschlehrwerk, das alltagsnah und empathisch die ersten Schritte der nach Deutschland geflüchteten Menschen unterstützt. Im Zentrum stehen Themen wie Alltag, Arztbesuch und Amtsgänge. Neben der **sprachlichen Bewältigung** dieser Aufgaben vermittelt *Ein guter Start!* **Werte und praktische Tipps für das Zusammenleben** in Deutschland. Denn für die Lernenden mit unterschiedlichen Herkunftssprachen ist der Sprachkurs oftmals der erste Kontakt mit der neuen Lebenswelt.
Zweisprachige Ausgaben in Deutsch und Arabisch, Deutsch und Englisch, Deutsch und Französisch erleichtern die Kommunikation im Unterricht. Zusätzliche Übersetzungen in Farsi und Tigrinisch stehen online zur Verfügung.
Sprache, Werte, Tipps – *Ein guter Start!* bietet die optimale Vorbereitung für eine gelingende Integration.

Viel Spaß und Erfolg beim Unterrichten wünschen Ihnen
die Autoren und der Verlag

Ein guter Start – auf einen Blick

- Jede Lektion besteht aus **drei thematischen Teilen** (A, B und C).
- Neue sprachliche Mittel werden **behutsam und gründlich** eingeführt. Viele Bilder unterstützen das Verstehen. Wichtige Redemittel und Strukturen sind in kleinen Kästen zusammengefasst.
- In **zahlreichen Höraufgaben** werden typische Dialoge im Kontext präsentiert und anschließend isoliert nachgesprochen und trainiert.
- Den Abschluss eines jeden Teils bilden **Handlungsaufgaben (Tasks)**, wie z. B. Formulare ausfüllen, Hausmittel aus der Heimat präsentieren, den Lebenslauf vorstellen, Rollenspiele „Beim Arzt" etc.
- Zu jedem Teil gibt es eine Seite Training mit **Übungen für zu Hause oder für die Stillarbeit** im Kurs.
- **Unterrichtshinweise und Lektionstests** gibt es unter www.klett-sprachen.de/ein-guter-start

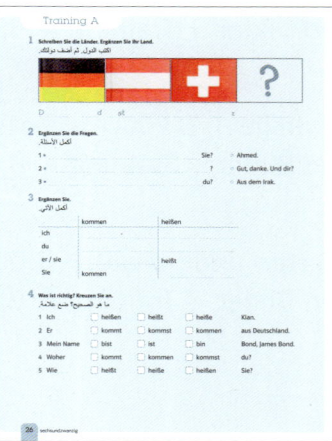

Die Symbole bedeuten

 Aufgaben zu zweit

 Höraufgaben
3

 Aufgaben in der Gruppe

 Aufgaben an der Tafel

Verschiedene Sprachausgaben

Übersetzungen der Arbeitsanweisungen und Tipps sichern das Verstehen und sind zugleich ein Zeichen der Wertschätzung, da sie die Sprache der Lernenden mit einbeziehen.
Zweisprachige Ausgaben gibt es in Deutsch – Arabisch, Deutsch – Englisch und Deutsch – Französisch. Zur **einsprachigen** Ausgabe gibt es zusätzlich Übersetzungen in Farsi und Tigrinisch.
Alle 5 Übersetzungen gibt es über Klett Augmented und als PDFs zum Ausdrucken auf www.klett-sprachen.de/ein-guter-start.

Audios

Alle Audios sind über die Klett-Augmented-App zugänglich. Außerdem können Sie die Audio-Dateien auch über www.klett-sprachen.de/ein-guter-start downloaden.

Werte und Tipps für das Zusammenleben

25 Tipps helfen bei der Orientierung im neuen Lebensumfeld. Sie finden hier Themen wie Gleichberechtigung und Religionsfreiheit genauso wie praktische Hinweise für den Amts- oder Arztbesuch. Die Lernenden lesen die Informationen **ausschließlich** in ihrer Sprache und in Stillarbeit. Besteht im Kurs Gesprächsbedarf, dann sollten Diskussionen gefördert werden.

Wörter und Bilder

Das Bild-Wörterbuch ist ideal zum Wiederholen, Einschleifen und zur Binnendifferenzierung. Identische, aber größere Bildkarten stehen im Netz zum Downloaden zur Verfügung.

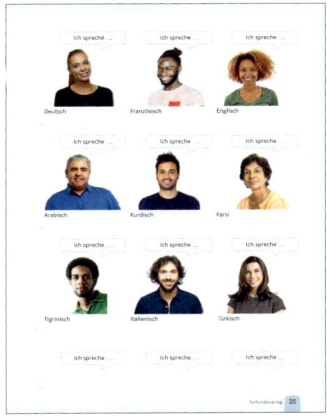 

Sprechtraining

Schritt für Schritt – vom Wort zum Satz, vom Satz zum Thema. So üben die Lernenden in jeder Lektion konzentriert wichtige Redemittel eines zentralen kommunikativen Themas und hören sich allmählich in Klang und Melodie der deutschen Sprache ein.

Glossar

Der Lektionswortschatz – nach Vorkommen gelistet und übersetzt – befindet sich im Anhang. Zusätzlich gibt es das Glossar in größerer Schrift unter www.klett-sprachen.de/ein-guter-start als PDF zum Ausdrucken.

A Das Alphabet

1 **Ergänzen Sie in Ihrer Sprache.**

أكمل بلغتك.

Herzlich willkommen!   أهلا وسهلا!
Welcome!   እንቋዕ ብደሓን መጻእኩም!
Bienvenue!   خوش آمدید

2 **Schreiben Sie Ihren Vornamen auf ein Namensschild.**

اكتب اسمك على شارة الاسم.

Rose

Omar

3 **Sehen Sie das Foto an und hören Sie.**

انظر للصورة واستمع.

Hallo, wie heißen Sie?

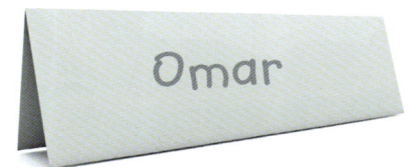
Ich heiße Rose.

Ich heiße …

Und wie heißen Sie?

= ich

= Sie

ich   heiß**e**

Sie   heiß**en**

Wie heißen Sie?

4 **Hören Sie noch einmal und wiederholen Sie.**

استمع مرة أخرى ثم كرر.

5 **Kettenspiel. Fragen Sie und antworten Sie.**

لعبة التسلسل: اسأل وأجب.

Hallo, ich heiße … Wie heißen Sie?

6 **Hören Sie das Alphabet und lesen Sie.**
استمع للأبجدية واقرأ.

A a	a	J j	jot	S s	es	Ä ä	ä
B b	be	K k	ka	T t	te	Ö ö	ö
C c	tse	L l	el	U u	u	Ü ü	ü
D d	de	M m	em	V v	fau	ß	es-tset
E e	e	N n	en	W w	we		
F f	ef	O o	o	X x	iks		
G g	ge	P p	pe	Y y	üpsilon		
H h	ha	Q q	ku	Z z	tset		
I i	i	R r	er				

 7 **Hören Sie noch einmal und wiederholen Sie.**
استمع مرة أخرى ثم كرر.

8 **Hören Sie und lesen Sie.**
استمع ثم اقرأ.

- ● Hallo, ich heiße Fatima. Wie heißen Sie?
- ○ Ich heiße Markus.
- ● Wie bitte?
- ○ Markus. M-A-R-K-U-S.
- ● Ah, Markus. Hallo.

 9 **Lesen Sie den Dialog.**
اقرأ الحوار.

10 **Buchstabieren Sie Ihren Namen.**
تهجَّ اسمك.

- ● Hallo, ich heiße … Wie heißen Sie?
- ○ Ich heiße …
- ● Wie bitte?
- ○ …
- ● Ah, … Hallo.

11 **Stellen Sie sich nach dem Alphabet auf.**
قفوا حسب الترتيب الأبجدي.

Ahmed   **Nelson**

B Ich bin …

1 **Was hören Sie? Markieren Sie.**
ماذا تسمع؟ ضع علامة.

Hallo, ich heiße Ahmed Alawi.
ich bin Ahmed Alawi.
<u>mein Name ist Ahmed Alawi.</u>

Hallo, ich heiße Leila.
ich bin Leila.
mein Name ist Leila.

Hallo, ich heiße Nina Müller.
ich bin Nina Müller.
mein Name ist Nina Müller.

Hallo, ich heiße Nelson.
ich bin Nelson.
mein Name ist Nelson.

ich heiß**e**
=
ich **bin**
=
mein Name **ist**

Ahmed Alawi
↓ ↓
Vorname   Familienname

2 **Hören Sie Ihren Lehrer / Ihre Lehrerin und wiederholen Sie.**
استمع لمعلمك / لمعلمتك وكرر.

Hallo, ich heiße …
ich bin …
mein Name ist …

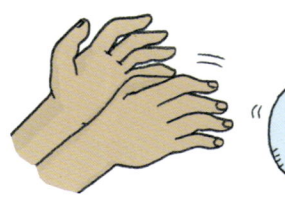
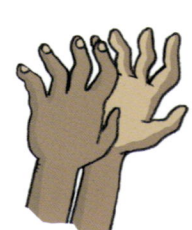

3 **Im Kreis: Werfen Sie den Ball und stellen Sie sich vor.**
قفوا في دائرة. ارموا بالكرة وعرفوا أنفسكم.

4 **Ordnen Sie zu.**

رتب الآتي.

1 Mein Name   a bin Nelson.
2 Ich heiße   b Ahmed Alawi.
3 Und wie   c ist Nina Müller.
4 Ich   d heißen Sie?

5 **Zeichnen Sie sich und schreiben Sie.**

ارسم صورة لك واكتب.

Hallo, ...
....
....

6 **Lesen Sie und hören Sie.**

اقرأ واستمع.

- ● Hallo, ich heiße Peter Frank.
- ○ Hallo, Frank.
- ● Nein, Peter ist mein Vorname. Frank ist mein Familienname.

7 **Lesen Sie Dialog 6.**

اقرأ الحوار رقم 6.

8 **Spielen Sie den Dialog in 6 mit Ihren Namen.**

العبوا الحوار رقم 6 بأسمائكم.

TIPP 1

Wir geben uns bei der Begrüßung oft die Hand, auch Männer und Frauen. Dabei schauen wir einander in die Augen. Wenn wir Freunde treffen, umarmen wir uns auch gerne. Das ist eine freundschaftliche Geste.

عادة ما نتصافح هنا عند التحية في ألمانيا وينطبق هذا على كل من الرجال والنساء على حد سواء، وأثناء ذلك ينظر من يتصافح في عين من يصافحه. كما يمكن للصديق / للصديقة أن يعانق صديقه / صديقته عند التحية وهو ما يوحي بالصداقة.

9 **Gehen Sie im Kursraum umher und begrüßen Sie sich per Handschlag. Wichtig: Halten Sie Augenkontakt!**

الكل يتحرك في قاعة الدراسة ويحي الآخر باليد. هام! النظر في عيون الآخرين.

C Wie geht's?

1 **Hören Sie und ordnen Sie zu.**

استمع ثم رتب.

Guten Abend. | Guten Tag. | Gute Nacht. | Guten Morgen.

Guten Morgen

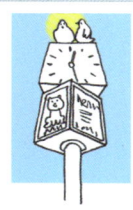

2 **Zeichnen Sie und schreiben Sie Ihre Lieblingstageszeit auf eine Karte.**

ارسم واكتب توقيتك المفضل أثناء اليوم على بطاقة.

3 **Nehmen Sie Ihre Karte, gehen Sie umher und begrüßen Sie alle.**

احمل بطاقتك، تحرك في قاعة الدراسة وحي الجميع.

- ● Guten Morgen, Leila.
- ○ Guten Morgen, Nelson.

4 *du* oder *Sie*? **Hören Sie und lesen Sie.**

صيغة الصداقة أم صيغة الإحترام؟ استمع واقرأ.

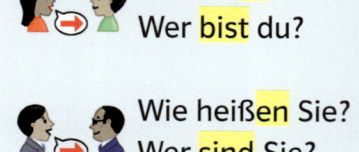

Wie hei**ßt** du?
Wer **bist** du?

Wie hei**ßen** Sie?
Wer **sind** Sie?

- ● Hallo, ich heiße Ali.
  Und wer bist du?
- ○ Hallo Ali. Ich bin Emilia.

- ● Guten Tag, mein Name ist Makeba, Alek Makeba.
  Und wer sind Sie?
- ○ Ich bin Lukas Schmidt. Hallo.

5 **Lesen Sie die Dialoge in 4 mit verteilten Rollen.**

اقرأ الحوار رقم 4 مع توزيع الأدوار.

6 **Spielen Sie die Dialoge in 4 mit Ihren Namen.**

العبوا الحوارات رقم 4 مستخدمين أسمائكم.

7 In welcher Reihenfolge hören Sie die Dialoge?

10

في أى ترتيب تسمع الحوارات.

☐ • Guten Tag, Herr Alawi.
   ○ Guten Tag, Frau Meier, wie geht es Ihnen?
   • Danke, gut. Und Ihnen?
   ○ Auch gut, danke.
   • Auf Wiedersehen.
   ○ Auf Wiedersehen.

☐ • Hallo, Ahmed.
   ○ Hallo Nina. Wie geht's?
   • Sehr gut. Und dir?
   ○ Auch gut, danke.
   • Tschüs.
   ○ Tschüs.

 = gut

 = sehr gut

8 Hören Sie 7 noch einmal und wiederholen Sie.

11

استمع إلى تدريب رقم 7 مرة أخرى، ثم كرر.

 Wie geht es Ihnen?
Auf Wiedersehen.

 Wie geht's?
Tschüs.

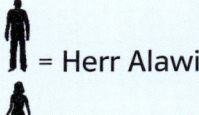 = Herr Alawi

= Frau Müller

TIPP 2

Das *Du* benutzt man unter Freunden und in der Familie. Das *Sie* braucht man auf der Behörde, beim Arzt und in offiziellen Situationen. Benutzen Sie das *Sie* und warten Sie ab, bis Ihnen das *Du* angeboten wird.

تستخدم صيغة «du» بين الأصدقاء أو في العائلة. أما صيغة الإحترام «Sie» فتستخدم في الجهات الحكومية أو عند الطبيب أو في المواقف الرسمية. لذا، ابدأ دوما باستخدام صيغة «Sie» حتى يعرض عليك ويحادثك الطرف المقابل بصيغة «du».

9 Lesen Sie und ordnen Sie.

اقرأ ثم رتب.

Auf Wiedersehen. | Guten Tag. | Wie geht's? | Hallo. |
Und dir? | Wie geht es Ihnen? | Und Ihnen? | Tschüs.

Guten Tag.

 **10** Kopf oder Zahl? Spielen Sie Dialoge wie in 7.

ملك أم كتابة؟ العب الحوارات كما في تدريب رقم 7.

 = du

= Sie

12

Sehen Sie die Bilder an und hören Sie.

انظر للصور واستمع.

Lesen Sie.

Schreiben Sie.

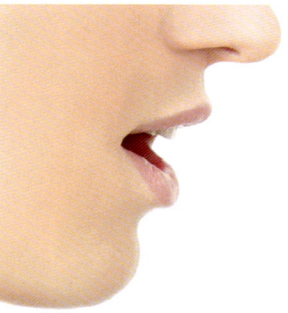

Sprechen Sie.

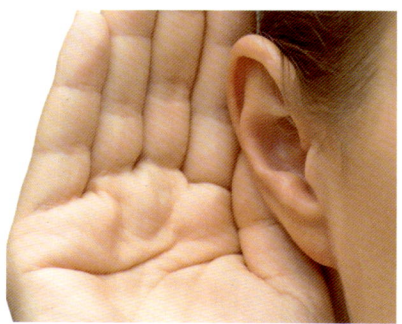

Hören Sie.

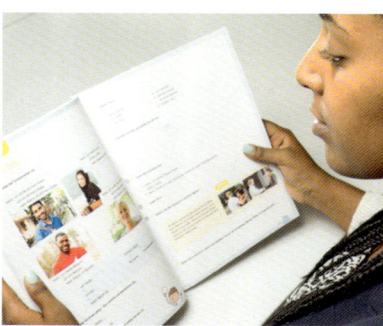

Sehen Sie das Foto an.

Ergänzen Sie.

Fragen Sie.

Antworten Sie.

Ordnen Sie.

Wiederholen Sie.

Zeigen Sie.

Zeichnen Sie.

Nehmen Sie.

Spielen Sie.

Gehen Sie umher.

Werfen Sie den Ball.

Kreuzen Sie an.

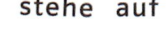
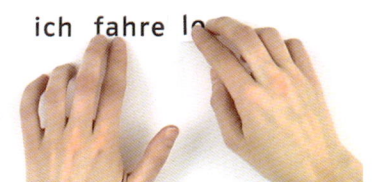

Ordnen Sie zu.

Markieren Sie.

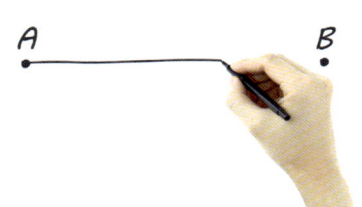

Verbinden Sie.

Kontrollieren Sie.

1 **Von A–Z. Verbinden Sie. Was ist das?**
صل حسب الترتيب الأبجدي. ما هذا؟

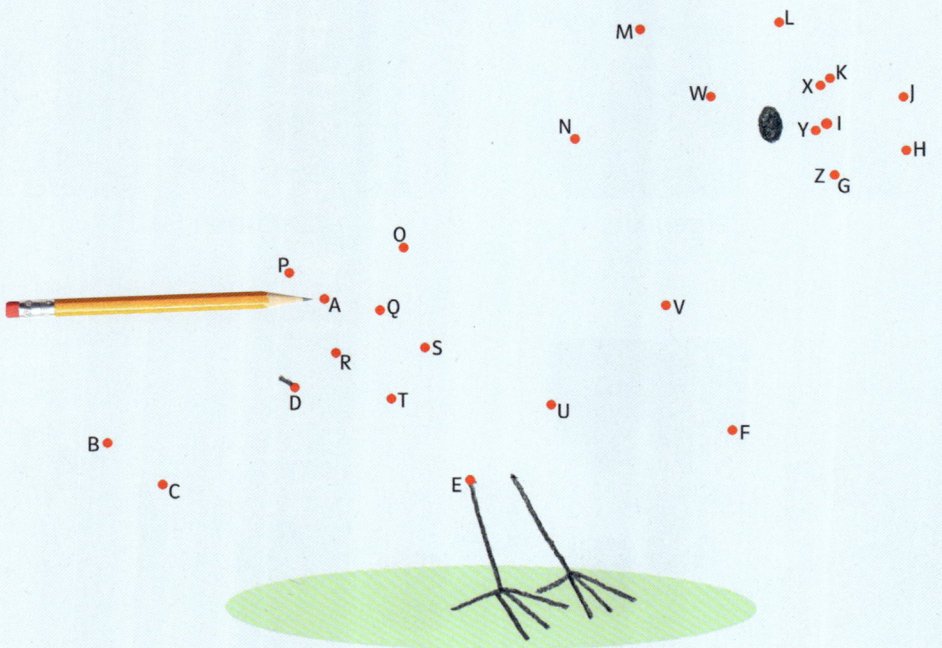

2 **Ergänzen Sie die Groß- und Kleinbuchstaben.**
أكمل الحروف الكبيرة والصغيرة.

A	a		e	W		Ü		
B	b		m		y		j	
	c	R		Ä		K		
D			v		ö	I		

3 **Welche Buchstaben fehlen? Ergänzen Sie.**
ما هى الحروف المفقودة؟ أكمل الآتي.

1 Ich hei...... e Omar.

2 Und ......ie ......eißt du?

3 ......ie heißen S......e?

4 ......ch h......iße Rose.

5 ......allo Jesseca.

1 Suchen Sie fünf Wörter und schreiben Sie.

ابحث عن خمس كلمات ثم اكتب.

z	d	w	y	x	u	d	t	e	i
e	e	h	e	r	z	l	i	c	h
h	v	y	u	c	e	w	m	q	a
w	i	l	l	k	o	m	m	e	n
r	u	t	s	i	r	c	a	q	a
w	i	e	d	w	e	c	o	s	m
a	c	v	h	e	i	ß	e	n	h
i	h	s	i	e	o	n	e	a	g

Herzlich _____ !

W _____ ?

2 Schreiben Sie die Sätze.

اكتب الجمل.

1 heiße / Ich / Leila.   Ich _____

2 Ahmed. / ist / Mein Name   _____

3 bin / Nelson. / Ich   _____

3 Suchen Sie vier Wörter und schreiben Sie.

ابحث عن أربع كلمات ثم اكتب.

d f e g m r h a l l o a b c l h o ü q a f d k l m w i e w q s d u p o u h s f r s t h e i ß e

hallo, _____

4 Ergänzen Sie mit Wörtern aus 3.

أكمل بالكلمات من تدريب رقم 3.

• (1) Hallo !

○ Hallo! Wie heißt (2) _____ ?

• Fatima. Und (3) _____ heißt du?

○ Ich (4) _____ Nina.

5 Schreiben Sie die Sätze richtig. Tipp: Namen und Satzanfang schreibt man groß.

اكتب الجمل صحيحة. معلومة: الأسماء وبداية الجمل تكتب بالأحرف الكبيرة.

hallo!ichheißeleila.undwieheißensie?   Hallo! Ich heiße _____

_____

1 **Ergänzen Sie die Begrüßungen.**

أكمل التحيات.

1 Guten M_____ 2 Guten T_____ 3 Guten _____ 4 Gute _____t

2 **Schreiben Sie Ihren Namen.**

اكتب اسمك.

Vorname: .... Familienname: ....

3 **Ordnen Sie die Namen zu.**

رتب الأسماء.

Nina | Müller | Markus | Jesseca | Makeba | Nelson | Omar | Alawi | David

Vorname   Nina, ...

Familienname   Müller, ...

4 **Verbinden Sie und schreiben Sie.**

صل ثم اكتب.

1 Wer sind	a es Ihnen?	W	
2 Wie geht	b du?	W	
3 Wie geht's	c Sie?	Wer sind Sie?	
4 Wie heißt	d dir?	W	
5 Wer	e bist du?	W	

5 *du* oder *Sie*? **Ergänzen Sie die Dialoge.**

صيغة الصداقة أم صيغة الإحترام؟ أكمل الحوار.

Wie geht's? | Guten Tag. | Gut, danke. | Und Ihnen?

1 Hallo. Wie geht's? ....

Gut. Und dir?

....

2 .... Wie geht es Ihnen?

Danke gut. ....

Auch gut, danke.

1 Wörter. Hören Sie.

كلمات. استمع.

Tag   **Na** me   **Hal** lo   **hei** ßen

2 Hören Sie und markieren Sie den Wortakzent.

استمع ثم علم على النبر في الكلمة.

hei ße | bin | bit te | dan ke | ich | mein | Mor gen | du | A bend | Tschüs

3 Hören Sie noch einmal und wiederholen Sie. Klopfen Sie den Wortakzent.

استمع مرة أخرى ثم كرر. تعلم نبرة الجملة عن طريق النقر على الطاولة.

4 Sätze. Hören Sie.

جمل. استمع.

Guten Tag.   **Ich heiße Nina.**   **Wie bitte?**

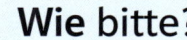

5 Hören Sie und markieren Sie den Satzakzent.

استمع ثم علم على النبر في الجملة.

Guten Morgen. | Guten Abend. | Ich heiße Nina. | Ich heiße Omar. |
Mein Name ist Rose. | Und du? | Auf Wiedersehen!

6 Hören Sie noch einmal und wiederholen Sie. Klopfen Sie den Satzakzent.

استمع مرة أخرى ثم كرر. تعلم نبرة الجملة عن طريق النقر على الطاولة.

7 Dialoge. Hören Sie und achten Sie auf die Satzmelodie. Antworten Sie.

حوارات. استمع وانتبه إلى موسيقى الجملة. أجب.

Ich heiße Omar. ↘

Ich heiße … ↘

Ich bin Nina. ↘

Und du? ↗ Wie heißt du? ↗

A Woher kommen Sie?

1 **Hören Sie und lesen Sie.**
18
استمع ثم اقرأ.

Ich komme aus Syrien.
Und du? Woher kommst du?

Ich komme aus dem
Sudan, aus Khartum.

Ich komm**e** aus Berlin.
Du komm**st** aus Lagos.

Woher komm**st** du?

Woher komm**en** Sie?

2 **Lesen Sie und ergänzen Sie Ihre Länder und Städte.**
اقرأ ثم أكمل الدول والمدن خاصتك.

Land			Stadt
aus	aus dem	aus der	aus
Deutschland	Iran	Schweiz	Berlin
Österreich	Irak	Türkei	Khartum
Nigeria	...	...	Lagos
Ägypten			...
Eritrea			

TIPP 3

Entscheiden Sie sich im Kurs gemeinsam mit Ihrem Kursleiter / Ihrer Kursleiterin, ob Sie sich duzen oder siezen.
Beides hat Vorteile: Duzen ist lockerer, mit dem Siezen
können Sie sich besser auf das Leben außerhalb des Kur-
ses vorbereiten.

يمكنك استخدام أي من الصيغتين «du» أو «Sie» عند
التعامل مع مدرسك / مدرستك داخل الفصل. لكل من
الصيغتين مزاياه: فصيغة «du» أقل رسمية، في حين
صيغة «Sie» ستساهم في إعدادك للتعامل في الحياة
خارج الفصل الدراسي.

3 **Werfen Sie den Ball. Fragen Sie und antworten Sie.**

ارمي الكرة. اسأل ثم أجب.

- Woher kommst du?
- Ich komme aus dem Irak, aus Basra.

4 **Auf dem Amt. Was hören Sie? Kreuzen Sie an.**

في الجهات الحكومية. ماذا تسمع؟ ضع علامة.

☐ Wie heißt du?　　　☐ Wie heißen Sie?

5 **Fragen Sie Ihren Partner/Ihre Partnerin und machen Sie Notizen.**

اسأل زميلك / زميلتك واكتب الملاحظات.

Wie heißen Sie?
Woher kommen Sie?

Vorname: Ahmed
Familienname: Alawi
Land: ....
Stadt: ....

6 **Hören Sie und lesen Sie.**

استمع ثم اقرأ.

- Hallo, Ahmed.
- Hallo, Nina. Wie geht's?
- Danke gut. Und dir?
- Sehr gut. Nina, das ist Rose.
  Sie kommt aus Nigeria, aus Lagos.
- Ah, hallo Rose.

 = er

 = sie

Das ist Ahmed.
Er　kommt aus …

Das ist Rose.
Sie　kommt aus …

7 **Hören Sie noch einmal und wiederholen Sie.**

استمع مرة أخرى ثم كرر.

8 **Lesen Sie 6 mit verteilten Rollen.**

اقرأ رقم 6 مع توزيع الأدوار.

9 **Nehmen Sie Ihre Notizen aus 5. Stellen Sie Ihren Partner/Ihre Partnerin vor und zeigen Sie das Land auf der Weltkarte vorne im Buch.**

خذ ملاحظاتك من رقم 5. قدم زميلك / زميلتك ثم قم بالإشارة إلى الدولة على الخريطة في مقدمة الكتاب.

Das ist Jesseca. Sie kommt aus Syrien, aus Damaskus.

B Welche Sprachen sprechen Sie?

1 **Im Jobcenter. Hören Sie. Welche Sprachen spricht Frau Bikila? Kreuzen Sie an.**

في مكتب العمل.استمع. أى اللغات تتكلمها السيدة شريف؟ ضع علامة.

Frau Bikila spricht

☐ Deutsch ☐ Arabisch
☐ Englisch ☐ Tigrinisch
☐ Französisch ☐ Farsi

2 **Schreiben Sie Ihre Sprachen.**

اكتب لغاتك.

Ich spreche ....

3 **Lesen Sie und hören Sie.**

اقرأ واستمع.

- Welche Sprachen sprichst du, Farid?
- Ich spreche Arabisch, Englisch und ein bisschen Deutsch.

Ich spreche Deutsch.
Du sprichst Farsi.
Er / Sie spricht Arabisch.

Welche Sprachen sprichst du?
Welche Sprachen sprechen Sie?

4 **Hören Sie noch einmal und wiederholen Sie.**

استمع مرة أخرى ثم كرر.

5 **Variieren Sie den Dialog. Welche Sprachen sprechen Sie?**

نوّع الحوار. أى اللغات تتحدثها؟

- Welche Sprachen sprichst du?
- Ich spreche …

TIPP 4

Auf Ämtern haben Sie häufig Anspruch auf einen Dolmetscher. Falls Sie mehrere Sprachen sprechen, helfen Sie bitte anderen bei Fragen und Problemen auch im Alltag und dolmetschen Sie für diese.

عادة ما يحق لك في الجهات الحكومية الحصول على مترجم. وفي حال إلمامك بأكثر من لغة، يمكنك تقديم المساعدة من خلال الترجمة للغير إذا ما كان لديهم أسئلة أو إذا ما واجهتهم أية مشاكل.

6 **Lesen Sie über Fatima und Omar und antworten Sie.**

اقرأ عن فاطمة وعمر ثم أجب.

Das sind Fatima und Omar, sie sind in Deutschland.
Sie kommen aus Syrien, und sie sprechen Arabisch,
Englisch und ein bisschen Deutsch.

Woher kommen Fatima und Omar?
Welche Sprachen sprechen sie?

sie komm**en**
sie sprech**en**
sie **sind**

Sie kommen **aus** Syrien.
Aleppo.

Sie sind **in** Deutschland.
Berlin.

7 **Lesen Sie 6 noch einmal und verbinden Sie.**

اقرأ رقم 6 مرة أخرى ثم صل.

Das sind   aus Syrien.

Sie sind   Arabisch, Englisch und ein bisschen Deutsch.

Sie kommen   in Deutschland.

Sie sprechen   Fatima und Omar.

8 **Welche Sprachen gibt es im Kurs? Machen Sie eine Umfrage.**

ما هى اللغات الموجودة في الدورة الدراسية؟ اسأل الآخرين.

Englisch: Farid, Rose, Jesseca …
Arabisch: Farid, Jesseca …
Französisch: Rose …

9 **Sprechen Sie über das Ergebnis.**

ناقشوا النتيجة.

Farid, Rose, Jesseca … sprechen Englisch.
Farid und Jesseca sprechen auch Arabisch.

C Zahlen

1 **Hören Sie und lesen Sie.**

استمع ثم اقرأ.

sieben, acht, neun …

eins, zwei, drei …

2 **Ergänzen Sie die Zahlen.**

أكمل الأرقام.

0 null	1	2	3	4 vier
5 fünf	6 sechs	7	8	9 ....
10 zehn	11 elf	12 zwölf	13 dreizehn	14 vierzehn
15 fünfzehn	16 sechzehn	17 siebzehn	18 achtzehn	19 neunzehn
20 zwanzig				

14

vierzehn

sechzehn

siebzehn

3 **Hören Sie und kontrollieren Sie.**

استمع ثم راجع.

4 **Hören Sie noch einmal und wiederholen Sie.**

استمع مرة أخرى ثم كرر.

5 Bingo! Schreiben Sie Zahlen von 1 bis 20. Ihr Lehrer / Ihre Lehrerin ruft Zahlen. Kreuzen Sie an.

Rufen Sie BINGO, wenn Sie drei Zahlen in einer Reihe angekreuzt haben!

بينجو! اكتب الأرقام من ١ إلى ٢٠. سيقوم المعلم بمناداة الأرقام. ضع علامة. قل بينجو، إذا قمت بوضع علامة علي ثلاثة أرقام متتابعين!

BINGO	2	5	11
	1	13	15
	3	12	6

Bingo!

BINGO			

6 **Ordnen Sie die Fragen den Fotos zu.**

رتب الأسئلة على الصور.

☐ Hast du ein Handy?   ☐ Haben Sie ein Handy?

1   2

7 **Hören Sie und ergänzen Sie.**

27

استمع ثم أكمل.

Vorwahl		
Stadt:	030	Berlin
Land:	0049	Deutschland

1   2

0179 5 .... 82 0   089 94 31

8 **Tauschen Sie Ihre Telefonnummern aus und schreiben Sie.**

تبادلوا أرقام الهواتف ثم اكتبوا.

- ● Hast du ein Handy, Mary?
- ○ Ja.
- ● Wie ist die Nummer?
- ○ 0176 551 532 81.

  Und du? Hast …

Name: ....

Telefon: ....

Hast du ein Handy?
Haben Sie ein Handy?

Ja. ☺   Nein. ☹

TIPP 5

Die Leistungen der Mobilfunkanbieter sind sehr unterschiedlich und auch für Deutsche oft unübersichtlich. Seien Sie vorsichtig mit voreiligen Unterschriften und überlegen Sie genau, welche Leistungen Sie brauchen. Ihre Unterschrift unter Verträge ist bindend. Sie verpflichten sich in der Regel für ein Jahr oder länger.

تتنوع الخدمات المقدمة عن طريق شركات شبكات المحمول بشكل كبير وهو ما قد يربكك، بل أن الألمان أنفسهم يرونه كذلك. لذا، عليك التأني قبل التوقيع على أي عقد ومراعاة ما تحتاجه فعليا من الخدمات المتاحة، فتوقيعك لأي عقد يكون ملزما، كما أن العقود عادة ما يمتد سريانها لعام أو أكثر.

9 **Machen Sie eine Klassenliste. Fotografieren Sie die Liste und schicken Sie sie an alle.**

قم بعمل قائمة للفصل. صور القائمة ثم أرسلها إلى الجميع.

Familienname	Vorname	Sprache	Land	Handynummer
Benaissa	Fatima	Arabisch	Syrien	0151 511 690 89

Wie heißt du?   Woher kommst du?   Welche Sprache sprichst du?

Hast du ein Handy?   Wie ist die Nummer?

1 Sehen Sie die Bilder an und hören Sie.

انظر للصور واستمع.

2 Hören Sie noch einmal und wiederholen Sie.

استمع مرة أخرى ثم كرر.

3 Schreiben Sie die Länder und ergänzen Sie Ihr Land / Ihre Sprache(n).

اكتب الدول ثم أضف دولتك / لغتك أو لغاتك.

Deutschland

Österreich

Schweiz

Syrien

Irak

Iran

Türkei

Nigeria

Eritrea

Ich spreche …	Ich spreche …	Ich spreche …

Deutsch	Französisch	Englisch

Ich spreche …	Ich spreche …	Ich spreche …

Arabisch	Kurdisch	Farsi

Ich spreche …	Ich spreche …	Ich spreche …

Tigrinisch	Italienisch	Türkisch

Ich spreche …	Ich spreche …	Ich spreche …

1 **Schreiben Sie die Länder. Ergänzen Sie Ihr Land.**
اكتب الدول. ثم أضف دولتك.

D	d st		z

2 **Ergänzen Sie die Fragen.**
أكمل الأسئلة.

1 • .... Sie?   ○ Ahmed.

2 • .... ?   ○ Gut, danke. Und dir?

3 • .... du?   ○ Aus dem Irak.

3 **Ergänzen Sie.**
أكمل الآتي.

	kommen	heißen
ich	....	....
du	....	....
er / sie	....	heißt
Sie	kommen	....

4 **Was ist richtig? Kreuzen Sie an.**
ما هو الصحيح؟ ضع علامة.

1 Ich ☐ heißen ☐ heißt ☐ heiße Kian.

2 Er ☐ kommt ☐ kommst ☐ kommen aus Deutschland.

3 Mein Name ☐ bist ☐ ist ☐ bin Bond, James Bond.

4 Woher ☐ kommt ☐ kommen ☐ kommst du?

5 Wie ☐ heißt ☐ heiße ☐ heißen Sie?

1 **Länder oder Sprachen? Ergänzen Sie.**

بلاد أم لغات؟ أكمل.

Land	Nigeria		Frankreich		Syrien
Sprache	Englisch	Deutsch		Farsi	

2 **Ordnen Sie zu.**

رتب الآتي.

ist | kommen | bin | heißen | sprichst | komme | sprechen | kommst |
kommen | kommt | heiße | heißt | sprechen | bist | sind

	kommen	sprechen	heißen	sein
ich	....	spreche	....	....
du	....	....	....	....
er / sie	....	spricht	heißt	....
Sie	....	....	....	sind
sie	....	....	heißen	....

3 **Ergänzen Sie.**

أكمل الآتي.

- Hallo, ich (1) heiße Leila. Wie heißt du?

○ Ich (2) .... (heißen) Nelson.

- Und woher (3) .... (kommen) du, Nelson?

○ Ich (4) .... (kommen) aus Nigeria.

- Und welche Sprachen (5) .... (sprechen) du?

○ Ich (6) .... (sprechen) Ibo und Englisch.

4 **Schreiben Sie.**

اكتب.

1 sind / Das / Fatima und Omar.   Das sind ....

2 Sie / in Deutschland. / sind   ....

3 kommen aus / Sie / Syrien.   ....

4 sprechen / Sie / Arabisch und Englisch.   ....

Training C

1 **Schreiben Sie die Telefonnummern in Ziffern.**

اكتب أرقام الهاتف بالأرقام.

1 acht eins fünf vier neun null   8 ....

2 null eins sieben neun drei fünf null zwei acht ....

3 drei vier sieben zwei fünf null zwei acht ....

2 **Ergänzen Sie.**

أكمل الآتي.

12 zwölf 16 s............... 17 s............... 18 a...............

3 **Ergänzen Sie die Zahlenreihen.**

أكمل تسلسل الأرقام.

1 drei ⁺³ sechs ⁺³ neun ⁺³ zwölf ....

2 neunzehn siebzehn fünfzehn ....

3 zwanzig fünfzehn zehn ....

4 **Schreiben Sie die Zahlen.**

اكتب الأرقام.

zwanzig ....

5 **Markieren Sie die richtige Form.**

علم تحت الصيغة الصحيحة.

1 Haben / Hast du ein Handy? 2 Haben / Hast Sie ein Telefon?

6 **Verbinden Sie.**

صل الآتي.

1 Wie heißt du?   a 0171 54 32 48 367.

2 Welche Sprachen sprichst du? b Nelson.

3 Woher kommen Sie?   c Ja.

4 Haben Sie ein Handy?   d Arabisch und Englisch.

5 Wie ist deine Nummer?   e Aus Syrien.

1 Wörter. Hören Sie.
كلمات. استمع.

Schweiz   I **ran**   **Deutsch** land   E ri **tre** a

kom men   **spre** chen

2 Hören Sie und markieren Sie den Wortakzent.
استمع ثم علم على النبر في الكلمة.

Su dan | I rak | Tür kei | Sy ri en | Ös ter reich |
Deutsch | Far si | A ra bisch | Eng lisch | Fran zö sisch

3 Hören Sie noch einmal und wiederholen Sie. Klopfen Sie den Wortakzent.
استمع مرة أخرى ثم كرر. تعلم نبرة الجملة عن طريق النقر على الطاولة.

4 Sätze. Hören Sie.
جمل. استمع.

Ich komme aus Deutschland.   **Ich spreche Deutsch.**   **Und du?**

5 Hören Sie und markieren Sie den Satzakzent.
استمع ثم علم على النبر في الجملة.

Ich komme aus Syrien. | Ich spreche Arabisch. | Ich spreche Tigrinisch. | Ich spreche Englisch. |
Ich komme aus dem Irak. | Ich spreche Farsi.

6 Hören Sie noch einmal und wiederholen Sie. Klopfen Sie den Satzakzent.
استمع مرة أخرى ثم كرر. تعلم نبرة الجملة عن طريق النقر على الطاولة.

7 Dialoge. Hören Sie und achten Sie auf die Satzmelodie. Fragen und antworten Sie.
حوارات. استمع وانتبه إلى موسيقى الجملة. اسأل وأجب.

Ich spreche Arabisch. ↘

Ich spreche … ↘

Ich spreche Französisch. ↘

Und du? ↗

Und du? ↗

A Im Kursraum

1 **Was kennen Sie schon? Ordnen Sie zu. Vergleichen Sie im Kurs.**

ماذا تعرف؟ رتب ثم قارن في الدورة الدراسية.

der Tisch	11	das Fenster		die Tür		der Stift	
der Stuhl		das Heft		das Buch		der Mülleimer	
die Tafel		das Handy		die Uhr		der Schwamm	

2 **Hören Sie und wiederholen Sie.**

استمع ثم كرر.

34

> der Tisch
> das Heft
> die Tür

3 **Schreiben Sie die Wörter aus 1.**

اكتب الكلمات من رقم 1.

der	das	die
der Tisch		

4 Schreiben Sie die Artikel auf drei bunte Karten.

اكتب الأداة / البداية اللغوية الصحيحة
على ثلاث كروت ملونة.

5 Machen Sie die Bücher zu. Eine Schülerin / Ein Schüler ruft die Wörter ohne Artikel. Alle zeigen die Karte.

أغلق الكتب. تلميذة / تلميذ ينادى الكلمات من غير الأداة.
الكل يرفع الكارت.

6 In welcher Reihenfolge hören Sie die Wörter? Nummerieren Sie.

في أى ترتيب تسمع الكلمات؟ رقّم الآتي.

35

7 Lesen Sie mit verteilten Rollen.

اقرأ مع توزيع الأدوار.

- Wie heißt das auf Deutsch?
- Handy.
- Ah, okay, Handy. Der, das oder die?
- Das Handy.

8 Schreiben Sie Zettel mit allen Wörtern aus 1 und bekleben Sie den Kursraum. Suchen Sie mehr Wörter.

اكتب أوراق تشمل جميع الكلمات من رقم 1 ثم قم بلصقها
في قاعة الدراسة. ابحث عن مزيد من الكلمات.

9 Gehen Sie umher und sprechen Sie.

تحرك في قاعة الدراسة وتكلم.

- Wie heißt das auf Deutsch?
- Tisch, der Tisch.

10 Kleben Sie auch zu Hause Zettel an wichtige Dinge. Machen Sie ein Foto davon und zeigen Sie es im Kurs.

اِلصق في بيتك أوراق على الأشياء المهمة. صوّر الأشياء ثم اعرض الصور في الدورة الدراسية.

B Die Wohnung

1 **Welche Wörter hören Sie? Kreuzen Sie an.**
أى الكلمات لم تسمعها؟ ضع خطا تحت الكلمة.

- [ ] das Wohnzimmer
- [ ] das Schlafzimmer
- [ ] das Bad
- [ ] die Küche
- [ ] der Balkon
- [ ] der Aufzug
- [ ] die Treppe
- [ ] das Kinderzimmer
- [ ] die Toilette
- [ ] der Flur

2 **Hören Sie noch einmal und zeigen Sie auf die Zimmer.**
استمع مرة أخرى وأشر إلى الغرف.

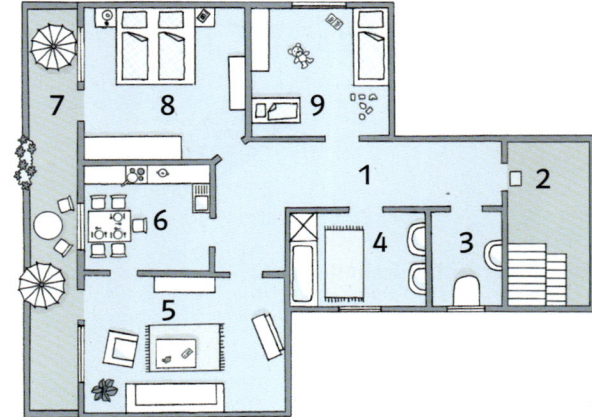

3 **Sprechen Sie und variieren Sie mit den Nummern 2 bis 8.**
تحدث ونوع من رقم 2 إلى رقم 8.

- ● Was ist Nummer 1?
- ○ Das ist der Flur.

> Was ist … ?
> Das ist …

4 **Was ist richtig? Hören Sie und kreuzen Sie an.**
ما هو الصحيح؟ استمع ثم ضع علامة.

- [ ] alt   neu [ ]
- [ ] hell   dunkel [ ]
- [ ] klein   groß [ ]
- [ ] schön   hässlich [ ]

5 Hören Sie Anja. Sie hat eine neue Wohnung und zeigt ihrem Vater Bilder per Skype.

Markieren Sie *er*, *es* oder *sie*.

استمع إلى آنيا. هي لديها بيت جديد وتعرض على أبيها صورا من بيتها عبر «سكيب». علم على كل من er أو es أو ة e.

Das ist der Balkon.	Er / Es / Sie ist schön.
Das ist das Bad.	Er / Es / Sie ist alt.
Das ist die Küche.	Er / Es / Sie ist neu.

<u>der</u> Balkon → <u>er</u>
<u>das</u> Bad → <u>es</u>
<u>die</u> Küche → <u>sie</u>

6 Lesen Sie und ergänzen Sie *er*, *es* oder *sie*.

اقرأ ثم أكمل er أو es أو ة e.

Das ist Anjas Wohnung. Das ist die Küche. (1) Sie ist neu. Das ist

das Wohnzimmer. (2) .... ist groß und hell. Und das ist das Bad.

(3) .... ist alt. Das ist der Balkon. (4) .... ist sehr schön.

Anja**s** Wohnung
Farid**s** Wohnung

TIPP 7

Mehr als die Hälfte der Deutschen wohnt zur Miete. Leider ist Wohnraum in Ballungsgebieten oft teuer. Gehen Sie zum Sozial- oder Wohnungsamt und informieren Sie sich über die Möglichkeiten, Wohngeld oder eine Sozial-wohnung zu erhalten.

يعيش أكثر من نصف الألمان في شقق مؤجرة حيث أن تكلفة السكن في مناطق العاصمة غالبا ما تكون عالية. اتجه إلى إدارة الإسكان أو إدارة الخدمات الاجتماعية للاستعلام عن المزايا المقدمة للإسكان والتحقق من مدى تأهلك للحصول على بدل سكن أو اسكان اجتماعي.

7 Wie sieht Ihre Traumwohnung aus? Zeichnen Sie und hängen Sie die Bilder auf. Raten Sie, wem die Wohnung gehört, und sprechen Sie.

ما هو بيت احلامك؟ ارسموا البيت ثم علقوا الصور. خمن، صورة بيت مَن هذا؟ ثم تحدثوا.

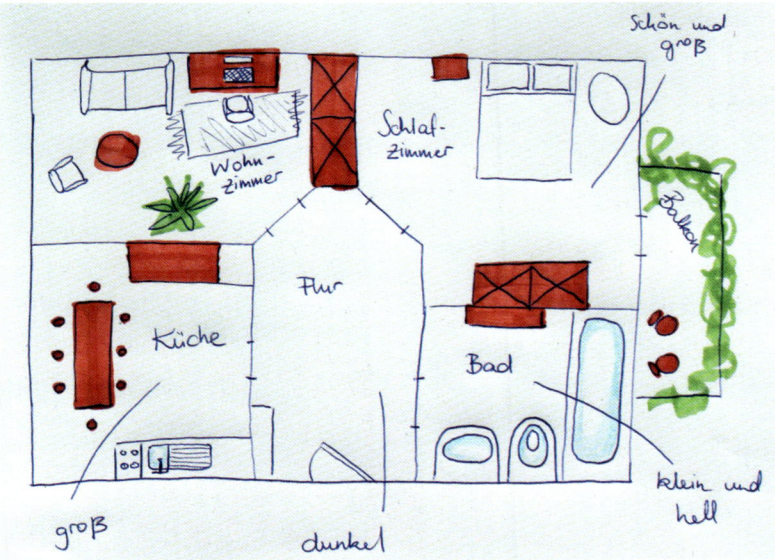

Das ist Farids Wohnung. Das ist die Küche. Sie ist groß. Das ist das Bad. Es ist klein und hell.

C Wo wohnst du?

1 **Hören Sie und lesen Sie.**

استمع ثم اقرأ.

einundzwanzig, dreiundzwanzig, fünfundzwanzig …

2 **Ergänzen Sie die Zahlen.**

أكمل الأرقام.

20 zwanzig	30 dreißig
21	40 vierzig
22 zweiundzwanzig	50 fünfzig
23	60 sechzig
24 vierundzwanzig	70 siebzig
25	80 achtzig
26 sechsundzwanzig	90 neunzig
27 siebenundzwanzig	100 (ein)hundert
28 achtundzwanzig	
29 neunundzwanzig	

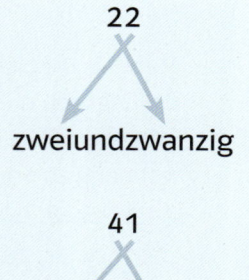

22
zweiundzwanzig

41
einundvierzig

3 **Hören Sie und wiederholen Sie.**

استمع ثم كرر.

4 **Der Lehrer / Die Lehrerin schreibt Zahlen an die Tafel. Alle rufen die Zahlen.**

المعلم / المعلمة يقوم بكتابه الأرقام على السبورة. الكل يهتف الأرقام.

5 **Was hören Sie? Kreuzen Sie an.**

ماذا تسمع؟ ضع علامة.

- ☐ Wo wohnst du?
- ☐ Ich wohne in Berlin.
- ☐ Ich heiße Markus.
- ☐ Blumenstraße 120.
- ☐ Wo wohnen Sie?
- ☐ Ich wohne in Köln.
- ☐ Müllerstraße 94.

Wo wohnen Sie?
Wo wohnst du?
Ich wohne in Berlin

6 Hören Sie und ordnen Sie die Fragen dem Dialog zu.

استمع ثم رتب الأسئلة حسب الحوارات.

wo wohnt ihr? | wo wohnst du?

- Ida, wo ....
- Ich wohne in München, Wagnerstraße 55.

  Und Mesut und du, ...
- Wir wohnen auch in München, Frauenstraße 112.

Wo wohn**t** ihr?

Wir wohn**en** in München.

7 Lesen Sie 6 mit verteilten Rollen und variieren Sie mit Ihrer Adresse.

اقرأ رقم 6 مع توزيع الأدوار، نوع بِعنوان بيتك.

8 Ninas Visitenkarte. Ordnen Sie zu.

بطاقة الأعمال لِـ نينا. رتب.

die Straße

die Postleitzahl

die Stadt

Nina Müller
Mainzer Straße 8
12167 Berlin
0151 143 87 654
nina.mueller@gmx.de

die Hausnummer

die Telefonnummer

die E-Mail-Adresse

9 Hören Sie und lesen Sie Ninas Visitenkarte.

استمع ثم اقرأ بطاقة الأعمال لِـ نينا.

@ = ätt
. = Punkt

10 Fragen Sie Ihren Partner und notieren Sie die Antworten. Zeichnen Sie auch ein Bild.

اسأل زميلك ثم دوِّن الإجابة. ثم ارسم صورة لزميلك.

Wie heißt du?
Wo wohnst du?
Wie ist die Postleitzahl?
Wie ist die Telefonnummer?
Und die E-Mail-Adresse?

Name: ....

Straße: ....

Postleitzahl + Stadt: ....

Telefonnummer: ....

E-Mail-Adresse: ....

1 **Sehen Sie die Bilder an und hören Sie.**

انظر للصور واستمع.

2 **Schreiben Sie die Wörter mit Artikel.**

اكتب الكلمات بالبداية اللغوية الصحيحة.

3 **Hören Sie noch einmal und wiederholen Sie.**

استمع مرة أخرى ثم كرر.

Tisch

der Tisch

Stuhl

Heft

Buch

Stift

Mülleimer

Fenster

Tür

Uhr

Wohnzimmer

Schlafzimmer

Bad

Küche

Treppe

Aufzug

Kinderzimmer

Toilette

Flur

Straße

Hausnummer

Stadt

1 **Ergänzen Sie.**
أكمل الآتي.

2 **Artikel mit Farben lernen. Ordnen Sie zu.**
تعلم البداية اللغوية الصحيحة بالألوان. رتب الآتي.

der

das

die

3 **Welcher Artikel ist richtig? Markieren Sie.**
أي بداية لغوية هي الصحيحة؟ ضع علامة.

1 (der)   das   die   Tisch   3 der   das   die   Fenster

2 der   das   die   Uhr   4 der   das   die   Heft

4 **Ordnen Sie und schreiben Sie.**
رتب ثم اكتب.

Ah, okay, Handy. Der, das oder die? | Wie heißt das auf Deutsch? | Das Handy. | Handy.

- ....
○ ....
- ....
○ ....

1 Finden Sie acht Wörter und schreiben Sie die Wörter mit Artikel.

اعثر على 8 كلمات ثم اكتب الكلمات بالبداية اللغوية الصحيحة.

C E J K I N D E R Z I M M E R E G L B A D G F V N B A L K O N Q P I S C H L A F Z I M
M E R X R O K Ü C H E Ö E R F L U R A Y M W O H N Z I M M E R P T Z A U F Z U G

das Kinderzimmer

....

....

2 Ergänzen Sie das Gegenteil.

أكمل العكس.

1 .... ↔ neu   3 .... ↔ groß

2 dunkel ↔ ....   4 schön ↔ ....

3 Ergänzen Sie *er*, *es* oder *sie*.

أكمل بالكلمة المناسبة.

der ....   das ....   die ....

4 Schreiben Sie.

اكتب.

Wie ist …

1 der Balkon?   Er ist schön.   (schön)

2 das Schlafzimmer?   ....   (hell)

3 die Küche?   ....   (neu)

4 das Wohnzimmer   ....   (dunkel)

5 der Flur   ....   (hässlich)

5 *Das ist* oder *das*? Ergänzen Sie.

هذا هو أو الـ؟ أكمل الآتي.

1 .... Bad ist groß.

2 .... der Flur.

3 .... Kinderzimmer ist hell.

Das ist …

1 **Ordnen Sie zu und schreiben Sie.**

رتب ثم اكتب.

vierzig | fünfunddreißig | siebenundzwanzig | dreiundzwanzig | (siebzig) vierundfünfzig

70 siebzig   40 ....   54 ....

23 ....   35 ....   27 ....

2 **Verbinden Sie die Zahlen.**

صل الأرقام.

vierundsechzig →
vierundsiebzig →
fünfundachtzig →
sechsundachtzig →
siebenundsiebzig →
siebenundsechzig

21	22	23	24	25	26	27	28	29	30
31	32	33	34	35	36	37	38	39	40
41	42	43	44	☺	☺	47	48	49	50
51	52	53	54	55	56	57	58	59	60
61	62	63	64	65	66	67	68	69	70
71	72	73	74	75	76	77	78	79	80
81	82	83	84	85	86	87	88	89	90
91	92	93	94	95	96	97	98	99	100

3 **Schreiben Sie die Wörter richtig.**

اكتب الكلمات صحيحة.

1 Starße   Straße   3 aHusnumerm ....

2 oPtsleizthal ....   4 dArssee   ....

4 **Ergänzen Sie.**

أكمل الآتي.

	wohnen		
ich	....	wir	....
du	....	ihr	....
er / sie	wohnt	sie / Sie	wohnen

5 **Verbinden Sie.**

صل الآتي.

Wo wohnst du?
Wo wohnt ihr?

Wir wohnen in der Goethestraße 3.
Ich wohne in Köln.
Wir wohnen in der Müllerstraße.
Ich wohne in Hamburg.

1 Wörter. Hören Sie.

كلمات. استمع.

Bad   **Kü** che   **Wohn** zim mer

Tisch   **Stuhl**   **Han** dy

2 Hören Sie und markieren Sie den Wortakzent.

استمع ثم علم على النبر في الكلمة.

Heft | Stift | Fens ter | Auf zug | Buch | Te le fon | A dres se |
Stadt | Stra ße | Num mer | Haus num mer | Han dy num mer

3 Hören Sie noch einmal und wiederholen Sie. Klopfen Sie den Wortakzent.

استمع مرة أخرى ثم كرر. تعلم نبرة الجملة عن طريق النقر على الطاولة.

4 Sätze. Hören Sie.

جمل. استمع.

Ich wohne in Ber**lin**.   Ich habe ein **Han**dy.   Wie ist die **Num**mer?

5 Hören Sie und markieren Sie den Satzakzent.

استمع ثم علم على النبر في الجملة.

Wo wohnst du? | Ich wohne in Köln. | Wie ist die Hausnummer? |
Die Nummer ist achtundzwanzig. | Hast du ein Handy? | Ja, ich habe ein Handy.

6 Hören Sie noch einmal und wiederholen Sie. Klopfen Sie den Satzakzent.

استمع مرة أخرى ثم كرر. تعلم نبرة الجملة عن طريق النقر على الطاولة.

7 Dialoge. Hören Sie und achten Sie auf die Satzmelodie. Fragen und antworten Sie.

حوارات. استمع وانتبه إلى موسيقى الجملة. اسأل وأجب.

Ich wohne … ↘

Ich wohne in München, ↘ Schillerstraße 8. ↘

Und du? ↗ …

Und du? ↗ Wo wohnst du? ↗ Wie ist die Hausnummer? ↗

A Wie alt bist du?

1 **Monate und Jahreszeiten. Was kennen Sie? Ordnen Sie zu.**

الشهور والفصول. ماذا تعرف؟ رتب.

November | **August** | **Juni** | (**April**) | **Februar** | **Oktober** | **Januar** | **März** | **Mai** | **Juli** | **Dezember** | **September**

Frühling

Sommer

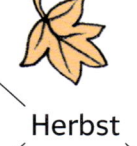
Herbst

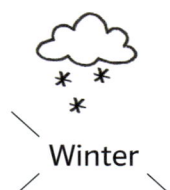
Winter

April

2 **Hören Sie und wiederholen Sie.**

50

استمع ثم كرر.

Frühling. Das ist …

3 **Kettenübung: In welchem Monat sind Sie geboren? Sprechen Sie.**

لعبة التسلسل: في أي شهر ولدت؟ تحدث.

Ich bin im April geboren. Ich bin im …

> Wann sind Sie geboren?
> Wann bist du geboren?
>
> Ich bin **im** Mai geboren.

4 **An welchem Tag sind Sie geboren? Kreuzen Sie an.**

متى يوم ميلادك؟ ضع علامة.

☐ am ! ersten	☐ am elften	☐ am ! einundzwanzigsten
☐ am zweiten	☐ am zwölften	☐ am zweiundzwanzigsten
☐ am ! dritten	☐ am dreizehnten	☐ am dreiundzwanzigsten
☐ am vierten	☐ am vierzehnten	☐ am vierundzwanzigsten
☐ am fünften	☐ am fünfzehnten	☐ am fünfundzwanzigsten
☐ am sechsten	☐ am ! sechzehnten	☐ am sechsundzwanzigsten
☐ am ! siebten	☐ am ! siebzehnten	☐ am siebenundzwanzigsten
☐ am achten	☐ am achtzehnten	☐ am achtundzwanzigsten
☐ am neunten	☐ am neunzehnten	☐ am neunundzwanzigsten
☐ am zehnten	☐ am zwanzigsten	☐ am dreißigsten
		☐ am einunddreißigsten

MAI	JUNI	JULI	AUGUST	SEPTEMBER	OKTOBER	NOVEMBER	DEZEMBER
	Ali 13.6.2001		Fela 2.8.1995			Rose 24.11.1986	

5 Hören Sie. Wer ist wann geboren? Verbinden Sie.

استمع. من وُلِدَ متى؟ صل.

Farid	21. Oktober 2002
Leila	3. Februar 1983
Nina	1. Mai 2000

Wann?
am ersten Mai
am vierzehnten April
am dreißigsten Siebten
1992 = neunzehnhundertzweiundneunzig
2001 = zweitausendeins

6 Tag, Monat und Jahr. Wann sind Sie geboren? Schreiben Sie in Worten.

يوم، شهر، سنة. متى ولدت؟ اكتب بالكلمات.

Ich bin am   geboren.

7 Gehen Sie im Kurs umher. Fragen und antworten Sie.

تحرك في قاعة الدراسة واسأل ثم أجب.

- Wann bist du geboren?
- Ich bin am … geboren.

8 Hören Sie den Dialog.

استمع إلى الحوار.

- Wie alt bist du?
- Ich bin zweiunddreißig Jahre alt.

Wie alt bist du?
Wie alt sind Sie?
Ich bin 32 Jahre alt.

9 Hören Sie und wiederholen Sie.

استمع ثم كرر.

10 Und wie alt sind Sie? Schreiben Sie in Worten.

وكم عمرك؟ اكتب بالكلمات.

Ich bin

TIPP 8

In Deutschland ist man mit 18 Jahren volljährig. Man darf wählen und ist voll geschäftsfähig. Man darf Alkohol und Tabak kaufen und konsumieren. Man darf den Führerschein machen und sich in Lokalen und Clubs aufhalten. Strafrechtlich kann zwischen 18 und 21 das Jugendstrafrecht noch zur Anwendung kommen.

يعد المرء بالغا في ألمانيا بمجرد وصوله لسن الثامنة عشر، حيث يحق لك الانتخاب ولك كامل الأهلية القانونية للتصرف؛ ويحق لك شراء المشروبات الكحولية والتبغ وتناولهما واستخراج رخصة قيادة والذهاب إلى الحانات والملاهي الليلية. إلا أن القانون الجنائي للأحداث يظل مطبقا على المراهقين ما بين سن الثامنة عشر والحادية والعشرين في حالات القضايا الجنائية.

11 Machen Sie einen Geburtstagskalender. Hängen Sie ihn im Kursraum auf und tragen Sie Ihre Geburtstage ein.

قوموا بعمل تقويم لأعياد الميلاد. علقوا التقويم في قاعة الدراسة ثم اكتبوا أعياد ميلادكم.

B Verheiratet, was heißt das?

1 **Hören Sie und korrigieren Sie das Formular.**

استمع ثم صحح الإستمارة.

Familienname: Iwu   Vorname: Onyeka Mercy

Straße und Hausnummer: Sonnenallee 80

Postleitzahl: 12045   Ort: Berlin

Telefonnummer: 030 861 20 24

Geburtsdatum: 11.4.1995   Geburtsort: Lagos / Nigeria

Staatsangehörigkeit: Nigerianisch

Religion: ☐ katholisch ☒ evangelisch ☐ muslimisch ☐ .... ☐ keine

Passnummer: A163957A   Gültig bis: 16.4.20...

Geschlecht: ☐ männlich   ☒ weiblich

Familienstand: ☐ ledig ☒ verheiratet ☐ geschieden

Kinder: 2

Ort, Datum: Berlin, 20.5.20...   Unterschrift: Iwu

---

2 **Was hören Sie? Kreuzen Sie an.**

ماذا تسمع؟ ضع علامة.

☐ Füllen Sie bitte das Formular aus.
☐ Und hier bitte unterschreiben!
☐ Welche Sprachen sprechen Sie?
☐ „Verheiratet", was heißt das?

3 **Lesen Sie.**

اقرأ الآتى.

- „Verheiratet", was heißt das auf Englisch?
- Das heißt „married" auf Englisch.

> Was heißt … **auf** Englisch / Arabisch / …?
> Das heißt … **auf** Englisch / Arabisch / …

4 **Variieren Sie den Dialog in 3. Sie können auch statt Englisch Ihre Muttersprache benutzen.**

العبوا الحوار رقم 3 ونوعوا. يمكنك أن تستخدم لغتك الأم بدلا من اللغة الإنجليزية.

ledig / single   weiblich / female   Staatsangehörigkeit / nationality

In Deutschland herrscht Religionsfreiheit. Jeder kann seinen Glauben frei ausleben, solange dieser im Einklang mit dem Grundgesetz steht. Die Religion ist frei wählbar. Man kann sie wechseln oder gar keiner Religion angehören. Niemand darf wegen seiner Religion diskriminiert werden. Im Alltag spielt der Glaube keine besondere Rolle.

يسود في ألمانيا حرية العقيدة، وللجميع حق ممارسة معتقداته الدينية بحرية وبشكل صريح، مادام هذا يتسق مع الدستور والقانون الألماني. لك هنا كامل حرية العقيدة، يمكنك أن تمارس أي معتقد ديني أو لا تمارسه أو تغيره وقتما تشاء، فهنا لا يمارس أي تمييز ضد أي شخص بسبب ديانته. فالعقيدة الدينية لا تأثير لها في الأمور الحياتية اليومية.

5   **Füllen Sie das Formular aus. Sind Sie fertig? Dann helfen Sie anderen.**

املأ الإستمارة. هل انتهيت؟ يمكنك مساعدة الآخرين.

Vorname: ....   Familienname: ....

Straße und Hausnummer: ....

Postleitzahl: ....   Ort: ....

Telefonnummer: ....

Geburtsdatum: ....   Geburtsort: ....

Staatsangehörigkeit: ....

Geschlecht: ....

Familienstand: ☐ ledig   ☐ verheiratet   ☐ geschieden

Kinder: ....

Ort, Datum: ....   Unterschrift: ....

 6   **Nehmen Sie Ihr Formular und sprechen Sie über sich.**

خذ استمارتك واحكى عن نفسك.

Mein Vorname ist …   Ich wohne in …   Meine Telefonnummer ist …
Ich bin am … geboren.   Ich bin …   Ich habe … Kinder.

C Was bist du von Beruf?

1 **Hören Sie. Wer arbeitet wo? Ordnen Sie zu.**

استمع. من يعمل أين؟ رتب.

54

1 der Krankenpfleger

zu Hause

2 die Verkäuferin

im Krankenhaus

3 der Erzieher

im Kindergarten

4 der Hausmann

im Supermarkt

5 die Lehrerin

in der Schule

im
Supermarkt
Krankenhaus

in der Schule

zu Hause

2 **Sammeln Sie Ihre Berufe im Kurs. Benutzen Sie ein Wörterbuch.**

قوموا بعمل قائمة بِوظائفكم ومهنكم. استخدموا القاموس.

Berufe

Was sind Sie von Beruf?
Was bist du von Beruf?
Ich bin …

Lehrer	Lehrerin
Verkäufer	Verkäuferin
Krankenpfleger	Krankenpflegerin
Hausmann	Hausfrau

3 **Hören Sie und lesen Sie.**

استمع ثم اقرأ.

● Farid, was bist du von Beruf?
○ Ich bin Verkäufer. Ich arbeite im Supermarkt.

ich arbeite	wir arbeiten
du arbeitest	ihr arbeitet
er / sie arbeitet	sie / Sie arbeiten

4 **Was sind Sie von Beruf? Gehen Sie umher und fragen Sie.**

ما هي وظيفتك؟ تحرك ثم اسأل.

5 Wer ist was und arbeitet wo? Schreiben Sie Sätze in Ihr Heft.

من يكون ماذا وأين يعمل؟ اكتب الجمل في دفترك.

1 David / Krankenpfleger

2 Susanne / Erzieherin

3 Ben / Hausmann

4 Zarah / Lehrerin

1 David ist Krankenpfleger. Er arbeitet im Krankenhaus.

2 Susanne ...

TIPP 10

In Deutschland können Männer und Frauen ihren Beruf frei wählen. Ob Solda-
tin, Ingenieurin oder Erzieher und Krankenpfleger, das Geschlecht spielt keine
Rolle. Oft sind in einer Partnerschaft Mann und Frau berufstätig und teilen
sich Haushalt und Kindererziehung.

يحق لكل من النساء أو الرجال اختيار ما يمارسونه من مهن بحرية، أيًا
كانت المهنة: جندي، مهندس، معلم أو ممرض، فالنوع لا تأثير له في
الاختيار. وعادة ما يتقاسم كل من الزوج والزوجة في أداء ما يخص حياتهما
العائلية فهما يعملان ويتشاركان في أداء الأعمال المنزلية ورعاية الأطفال.

6 Lesen Sie Murats Blog.

اقرأ مدونة موراتس.

Hallo, ich heiße Murat. Ich bin in Deutschland geboren. Ich bin 27 Jahre
alt, und ich bin Erzieher von Beruf. Ich arbeite sehr gern im Kindergarten.
Die Kinder sind lustig 😆 und die Kollegen sind nett. Der Job ist super 👍,
aber auch anstrengend. 🙂

7 Was ist richtig? Kreuzen Sie an.

ما هو الصحيح؟ ضع علامة.

☐ Murat ist in der Türkei geboren.

☐ Die Kollegen sind nett.

☐ Er arbeitet gern im Kindergarten.

☐ Murat ist Lehrer von Beruf.

☐ Die Kinder sind anstrengend.

8 Schreiben Sie einen Blog wie Murat.

اكتب مدونة مثل موراتس.

Hallo, ich heiße ... Ich bin in ... geboren...

 9 Tauschen Sie den Blog und stellen Sie Fragen.

تبادلوا المدونات واطرحوا أسئلة.

Wo bist du geboren? Wie alt bist du? Was bist du von Beruf? Wo arbeitest du? Wie ist der Job?

Wörter und Bilder

1 **Sehen Sie die Bilder an und hören Sie.**
انظر للصور واستمع.

2 **Schreiben Sie die Wörter (mit Artikel).**
اكتب الكلمات (بالبداية اللغوية الصحيحة).

3 **Hören Sie noch einmal und wiederholen Sie.**
استمع مرة أخرى ثم كرر.

ledig

verheiratet

Kind

Unterschrift

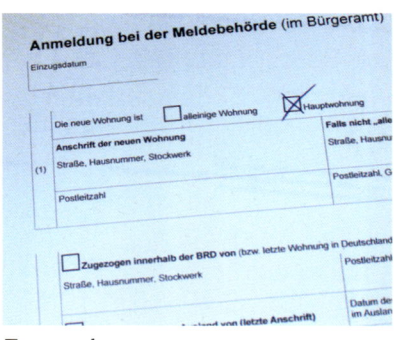

Formular

Herbst

Winter

Frühling

Sommer

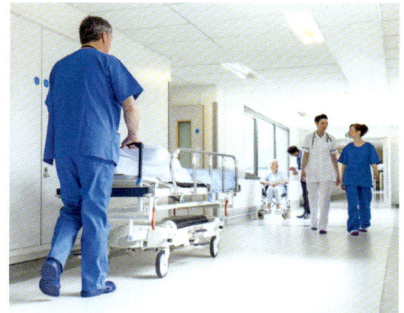

Krankenpfleger

Krankenpflegerin

Hausmann

Hausfrau

Verkäufer

Verkäuferin

Erzieher

Erzieherin

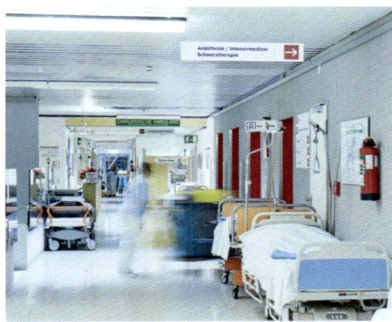

Krankenhaus

Kindergarten

Schule

zu Hause

1 **Schreiben Sie richtig und ordnen Sie zu.**

اكتب بالصيغة الصحيحة ثم رتب.

Jinu|Fberaur|Frlingüh (Spetebmer) Junaar | Mzrä | iMa (Dzerembe)
Jliu | gusAut | Obktero | priAl | Nemovber | Wteinr (Somemr) (Hrbset)

	Sommer		Herbst	
			September	Dezember

2 **Schreiben Sie in Worten.**

اكتب الآتي بالكلمات.

Wann?

1. am ersten

2.

3.

7.

16.

17.

21.

26.

28

29.

30.

31.

3 **Korrigieren Sie.**

صحح الآتي.

neunzehnhundertsechzehn = 1961   1916

zweitausendeinundvierzig = 2014

neunzehnhundertfünfzig = 1915

4 **Verbinden Sie.**

صل الآتي.

1 Wann bist du geboren?   a Ich bin 45 Jahre alt.

2 Wie alt bist du?   b Das ist ein Stuhl.

3 Was ist das?   c Am 16. März 1957.

1 Lesen Sie und ergänzen Sie das Formular.

اقرأ ثم أكمل الإستمارة.

Das ist Michelle. Ihr Familienname ist Habila. Michelle wohnt in Hamburg, Margaretenstraße 33. Die Postleitzahl ist 20357. Und das ist die Telefonnummer: 0151 172 380 65. Michelle ist am 23. Januar 1983 geboren. Sie ist verheiratet, und sie hat zwei Kinder.

Vorname: .... Familienname: ....

Straße und Hausnummer: ....

Postleitzahl: .... Ort: ....

Telefonnummer: ....

Geburtsdatum: ....

Familienstand: ☐ ledig ☐ verheiratet ☐ geschieden

Kinder: ....

Ort, Datum: *Hamburg, 16.04.2016* Unterschrift: *Habila*

2 Verbinden Sie.

صل الآتي.

1 Berlin, Deutschland   a Religion

2 evangelisch   b Geschlecht

3 weiblich   c Familienstand

4 Deutsch   d Geburtsdatum

5 geschieden   e Geburtsort

6 11.05.1982   f Staatsangehörigkeit

1 **Ergänzen Sie die männliche oder weibliche Form und die Artikel.**
أكمل الآتي بالصيغة اللغوية للمذكر أو للمؤنث مع البداية اللغوية الصحيحة.

der	Erzieher		die	Erzieherin
				Lehrerin
der	Verkäufer			
				Krankenpflegerin
	Hausmann			

2 **Ordnen Sie zu.**
رتب الآتي.

zu Hause | im Kindergarten | im Krankenhaus | im Supermarkt

zu Hause

3 **Ergänzen Sie.**
أكمل الآتي.

arbeiten

ich		wir	
du		ihr	
er / sie	arbeitet	sie / Sie	arbeiten

4 **Ergänzen Sie.**
أكمل الآتي.

bist | sind | bin | arbeitest | arbeite | bin

- Angela, was .... du von Beruf?

○ Ich .... Krankenpflegerin. Ich .... im

  Krankenhaus. Und du, Fatima? Wo .... du?

- Im Kindergarten. Ich .... Erzieherin.

○ Und wie ist der Job?

- Super! Die Kollegen .... nett.

1 Wörter. Hören Sie.
56

كلمات. استمع.

Be **ruf** | **ar** bei ten | **Un** ter schrift

2 Hören Sie und markieren Sie den Wortakzent.
57

استمع ثم علم على النبر في الكلمة.

Ver käu fer | Su per markt | Er zie he rin | Kin der gar ten | Leh rer | Schu le |
For mu lar | Vor na me | ver hei ra tet | le dig | ge bo ren

3 Hören Sie noch einmal und wiederholen Sie. Klopfen Sie den Wortakzent.
57

استمع مرة أخرى ثم كرر. تعلم نبرة الجملة عن طريق النقر على الطاولة.

4 Sätze. Hören Sie.
58

جمل. استمع.

Was bist du von Be**ruf**? | Ich bin Er**zie**her.

Wo **ar**beitest du? | Ich arbeite im **Kin**dergarten.

5 Hören Sie und markieren Sie den Satzakzent.
59

استمع ثم علم على النبر في الجملة.

Ich arbeite im Supermarkt. | Ich bin Verkäuferin. | Ich arbeite im Krankenhaus. |
Ich bin Krankenpfleger. | Ich arbeite zu Hause. | Ich bin Hausfrau.

6 Hören Sie noch einmal und wiederholen Sie. Klopfen Sie den Satzakzent.
59

استمع مرة أخرى ثم كرر. تعلم نبرة الجملة عن طريق النقر على الطاولة.

7 Dialoge. Hören Sie und achten Sie auf die Satzmelodie. Fragen und antworten Sie.
60

حوارات. استمع وانتبه إلى موسيقى الجملة. اسأل وأجب.

Ich bin Lehrerin. ↘ Ich arbeite in der Schule. ↘

Ich bin .... ↘

Und du? ↗ Wo arbeitest du? ↗
Was bist du von Beruf? ↗

Und du? ↗ ...

A Der Körper

1 Hören Sie und ergänzen Sie *a, e, i, o, u* und *ü*.

استمع ثم أكمل الحرف اللين المناسب.

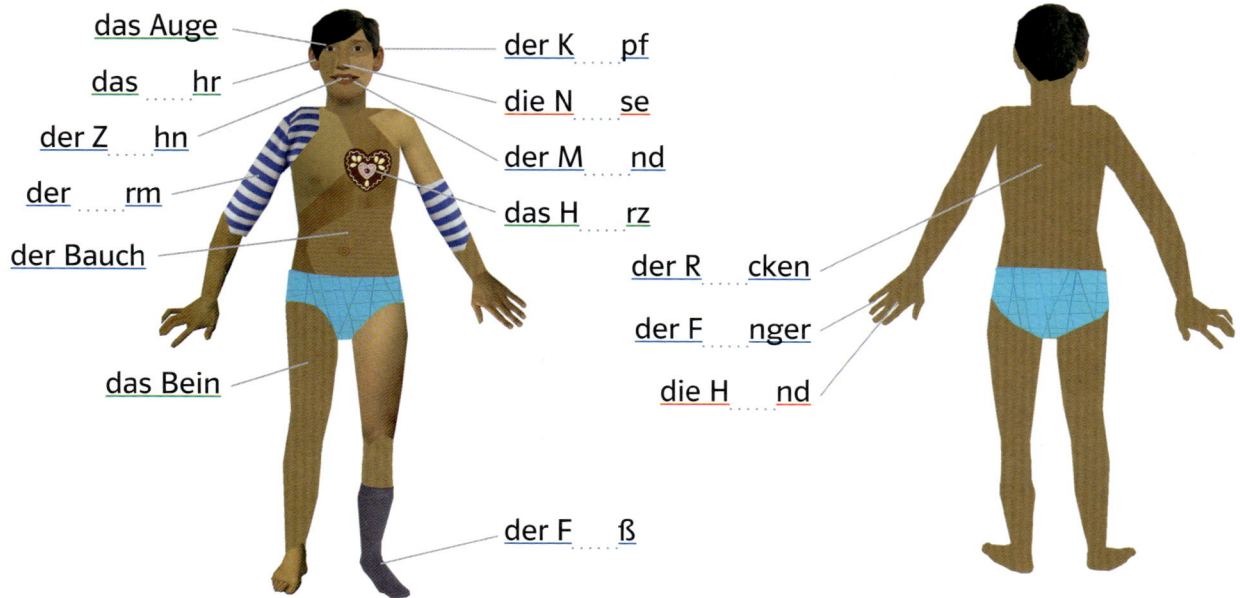

das Auge

das ____ hr

der Z ____ hn

der ____ rm

der Bauch

das Bein

der K ____ pf

die N ____ se

der M ____ nd

das H ____ rz

der R ____ cken

der F ____ nger

die H ____ nd

der F ____ ß

2 Hören Sie noch einmal und wiederholen Sie.

استمع مرة أخرى ثم كرر.

3 Sehen Sie die Wörter eine Minute lang an. Machen Sie dann das Buch zu.

Zeigen Sie auf einen Körperteil. Die anderen raten.

انظر إلى الكلمات لمدة دقيقة. أغلق الكتاب. أشر إلى جزء من الجسد.
الآخرون يخمنون.

das Bein

4 **Wie viele? Ordnen Sie zu.**

كم العدد؟ رتب.

2

2

32

10   2

2

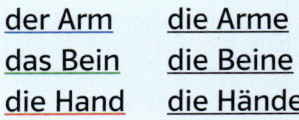

Augen   Hände   Finger

Arme   Ohren   Zähne

5 **Schreiben und zeichnen Sie Wortkarten.**

اكتب ثم ارسم كروت كلمات.

vorne   hinten

   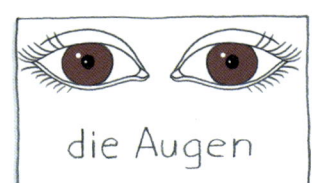

das Auge   die Augen

der Arm	die Arme
das Bein	die Beine
die Hand	die Hände

6 **Zeigen Sie „vorne" oder „hinten". Fragen Sie und antworten Sie.**

أشر بِ «أمام» أو «خلف». اسأل ثم أجب.

- Was ist das?

○ Das ist ein Auge.

○ Das sind Augen.

7 **Machen Sie ein Gruppenplakat. Benutzen Sie das Wörterbuch und finden Sie mehr Körperteile.**

Schreiben Sie die Wörter mit Artikel. Präsentieren Sie dann das Plakat.

قوموا بإعداد ملصق. استخدموا القاموس واعثروا على أجزاء
للجسم أكثر. اكتبوا الكلمات مع الأداة. ثم اعرضوا الملصق.

der Kopf

der Arm

das Bein

B Beim Arzt

1 **Ergänzen Sie die Artikel und ordnen Sie zu.**

أكمل الأداة / البداية اللغوية الصحيحة ثم رتب الآتي.

..das.. Fieber   6

.... Husten   ......

.... Schnupfen   ......

.... Bauchschmerzen   ......

.... Zahnschmerzen   ......

.... Kopfschmerzen

1
2
3
4
5
6

 2 **Hören Sie und wiederholen Sie.**
62
استمع ثم كرر.

 3 **Hören Sie. Was sagt die Patientin? Kreuzen Sie an.**
63
استمع. ماذا تقول المريضة؟ ضع علامة.

☐ Ich habe Schnupfen und Fieber.
☐ Ich habe Kopfschmerzen.
☐ Ich habe Husten.

 4 **Spielen Sie mit Würfeln und variieren Sie.**
العبوا بالنرد ونوعوا.

● Was hast du, Jesseca?
○ Ich habe Husten.

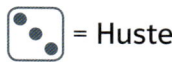 = Husten

> Was haben Sie?
> Was hast du?
> Ich habe Husten.

Fieber   Bauchschmerzen   Husten

Schnupfen   Zahnschmerzen   Kopfschmerzen

5 **Sehen Sie die Fotos an und ordnen Sie zu.**

انظر إلى الصور ثم رتب.

☐ Ich habe Bauchschmerzen.   ☐ Ich habe Husten.   ☐ Ich habe Fieber.

Ich trinke viel Tee.

Ich esse wenig.

Ich schlafe viel.

6 **Beim Arzt. Hören Sie und lesen Sie.**

64

عند الطبيب. استمع ثم اقرأ.

- ● Guten Tag, was kann ich für Sie tun?
- ○ Guten Tag. Ich bin krank. Mir tut alles weh.
  Ich habe Husten.
- ● Ohje. Und haben Sie auch Fieber?
- ○ Ja, und Kopfschmerzen.
- ● Ja, Herr Alawi dann trinken Sie viel, schlafen Sie viel und essen Sie wenig.

> **Trinken** Sie viel!
> **Essen** Sie wenig!
> **Schlafen** Sie viel!

7 **Schreiben Sie einen Dialog wie in 6 und spielen Sie.**

اكتب حوار مثل رقم 6 ثم قم بتمثيل الحوار.

TIPP 11

Müssen Sie oder Ihre Kinder zum Arzt? Rufen Sie vorher immer in der Praxis an und machen Sie einen Termin aus. Sie können Englisch sprechen oder einen Helfer bitten, für Sie anzurufen.

إذا ما احتجت أنت أو أي من أولادك الذهاب إلى الطبيب، عليك أولا الإتصال بالعيادة لتحصل على موعد، يمكنك التحدث بالإنجليزية أو طلب مساعدة صديق أو متطوع للإتصال بالنيابة عنك.

8 **Kennen Sie ein gutes Hausmittel gegen Erkältung? Schreiben Sie und zeichnen Sie es auf eine Karte.**
Spielen Sie Arzt und präsentieren Sie Ihr Hausmittel.

هل تعرف علاج منزلي جيد ضد البرد؟ اكتب وارسم العلاج على كارت.
العب دور الطبيب واعرض علاجك المنزلي للآخرين.

Deutschland
Tee   +   Honig

Trinken Sie Tee und Honig!

C Was kann ich für Sie tun?

1 **In der Apotheke. Hören Sie. Was möchte der Kunde? Markieren Sie.**

في الصيدلية. استمع. ماذا يريد العميل؟ ضع علامة.

das Waschmittel die Tabletten das Nasenspray das Pflaster

der Hustensaft die Windeln die Zahncreme der Babybrei

das Zäpfchen das Spülmittel das Antibiotikum das Shampoo

2 **Hören Sie die Wörter und wiederholen Sie.**

استمع إلى الكلمات ثم كرر.

3 **Hören Sie und ordnen Sie die Dialoge.**

استمع ثم رتب الحوارات.

1 [ ] Ja, hier bitte. Nehmen Sie zwei Löffel pro Tag.
   [ ] Guten Tag. Ich habe Husten. Ich brauche Hustensaft.
   [1] Guten Tag. Was kann ich für Sie tun?

2 [ ] Haben Sie ein Rezept? Für Antibiotika brauchen Sie ein Rezept.
   [ ] Guten Tag, ich bin krank. Ich brauche ein Antibiotikum.
   [ ] Tut mir leid, dann gehen Sie bitte zuerst zum Arzt.
   [ ] Nein, leider nicht.

4 **Lesen Sie 3 mit verteilten Rollen. Variieren Sie dann die Dialoge.**

اقرأ رقم 3 مع توزيع الأدوار. نوع في الحوارات.

Viele Medikamente, zum Beispiel Antibiotika, sind rezeptpflichtig. Das bedeutet, Sie müssen zuerst zum Arzt. Der Arzt schreibt das Rezept, und damit gehen Sie dann zur Apotheke.

هناك العديد من الأدوية ومنها المضادات الحيوية تستلزم الحصول على وصفة طبية (روشتة) من الطبيب، مما يعني أنه عليك الذهاب أولا إلى الطبيب للحصول على الوصفة الطبية لتذهب بعدها لصرفها من الصيدلي.

 5 **Im Drogeriemarkt. Hören Sie.**

68 **Was sagt die Kundin? Kreuzen Sie an.**

في الصيدلية. استمع.
ماذا تقول العميلة؟ ضع علامة.

- [ ] Hast du Zahncreme?
- [ ] Haben Sie auch Pflaster?
- [ ] Wo finde ich Windeln?

Wo finde ich …?

vorne   hinten

links   rechts

 6 **Schreiben Sie den Dialog ins Heft. Dann lesen Sie mit verteilten Rollen.**

اكتب الحوار في الدفتر. ثم اقرأ مع توزيع الأدوار.

Haben Sie auch Waschmittel? | Vielen Dank. | Guten Tag. | Entschuldigen Sie, wo finde ich Windeln? | Ja, sicher. Gleich hier vorne. | Gern. | Die sind ganz hinten rechts.

- Guten Tag. Entschuldigen Sie, wo finde ich Windeln?
- Die sind …

7 **Schreiben Sie Fragen ins Heft.**

اكتب الأسئلة في الدفتر.

Entschuldigen Sie,   wo finde ich …   Pflaster?
                      haben Sie …   Waschmittel?
                                        Windeln?
                                        Spülmittel?
                                        Zahncreme?
                                        Babybrei?

 8 **Nehmen Sie Ihre Fragen aus 7 und spielen Sie.**

خذ أسئلتك من رقم 7 ثم قم بالتمثيل.

- Entschuldigen Sie, wo finde ich …?
- Gleich hier vorne links.
- Ganz hinten.

Wörter und Bilder

1 **Sehen Sie die Bilder an und hören Sie.**
انظر للصور واستمع.

2 **Schreiben Sie die Wörter mit Artikel.**
اكتب الكلمات بالبداية اللغوية الصحيحة.

3 **Hören Sie noch einmal und wiederholen Sie.**
استمع مرة أخرى ثم كرر.

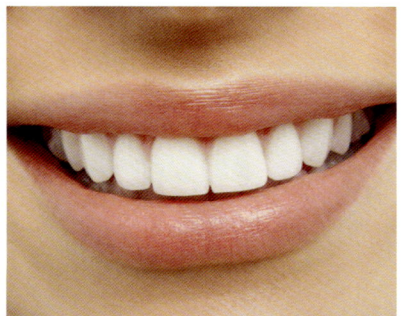

Mund

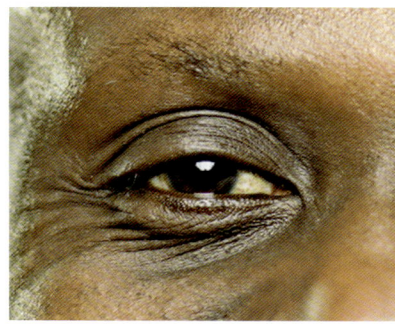

Auge

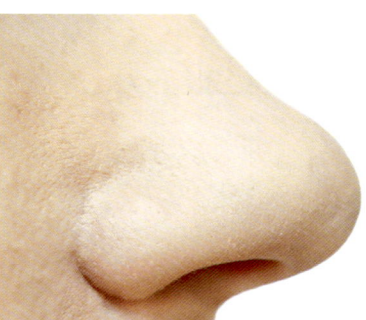

Nase

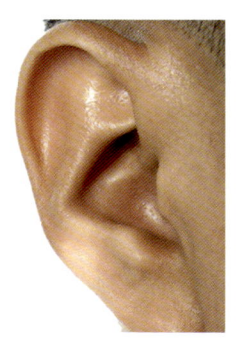

Ohr

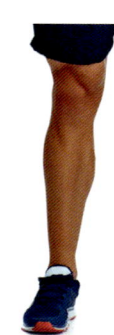

Bein

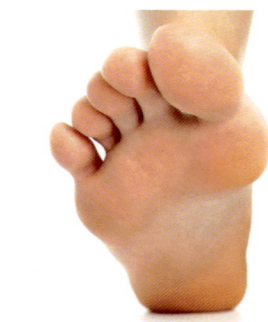

Fuß

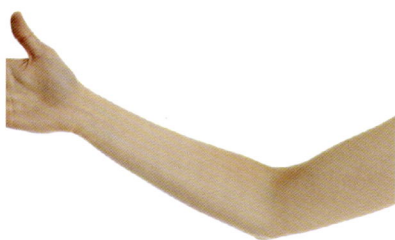

Arm

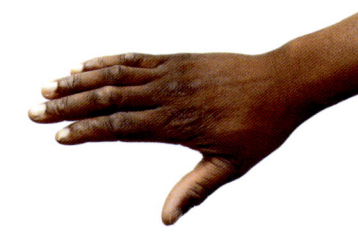

Hand

Bauch

Rücken

Zahn

Fieber

Husten

Schnupfen

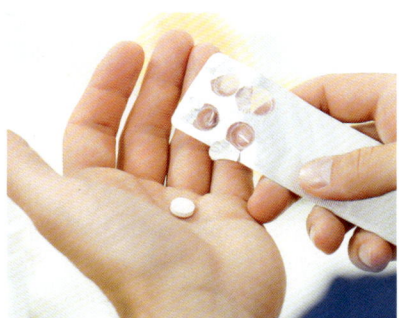

Tablette

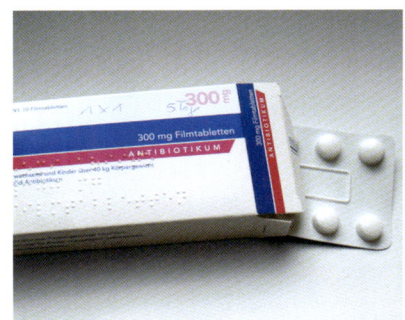

Antibiotikum

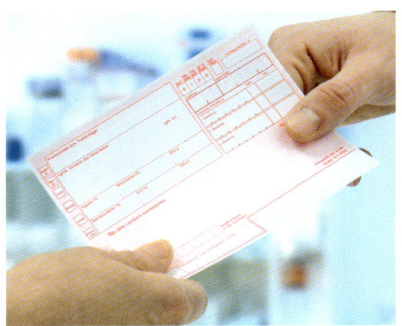

Rezept

Apotheke

Waschmittel

Windel

Babybrei

1 Ordnen Sie die Wörter zu.

رتب الكلمات.

Auge | (Zahn) | Ohr | Kopf | Mund | Nase | Bein | Bauch | Hand | Fuß | Rücken

der	Zahn,
das	
die	

2 Finden Sie die Wörter. Schreiben Sie den Plural mit Artikel.

ابحث عن الكلمات. اكتب الجمع بالبداية اللغوية الصحيحة.

wecaugevfgzahnhklsawbgtzfußkltnasewtrhandghkkopf

die Augen, ...

3 Wie viele . . . sehen Sie?

كم عدد ... ترى؟

Ohren | Beine | Arme | Finger

1 vier

2 ....

3 ....

4 ....

1

2

3

4

4 Verbinden Sie.

صل الآتي.

der	eine
das	ein
die	–
die	ein

5 ein, eine oder –? Schreiben Sie die Artikel.

أداة التنكير (ein/eine/-)؟ اكتب البداية اللغوية الصحيحة.

Was ist das?

1 Das ist ___ein___ Arm.

2 Das ist .... Nase.

3 Das ist .... Ohr.

4 Das sind .... Hände.

5 Das ist .... Kopf.

1 **Was haben Sie? Schreiben Sie.**

ماذا لديك؟ اكتب.

1   Ich habe ....

2   ....

3   ....

4   ....

2 **Ergänzen Sie *habe* oder *hast*.**

أكمل الفعل في الصيغة الصحيحة.

1 ● Was _hast_ du?

2 ● .... du Fieber?

3 ● Haben Sie Bauchschmerzen?

○ Ich .... Kopfschmerzen.

○ Ja, ich .... ein bisschen Fieber.

○ Nein, ich .... Fieber.

3 **Geben Sie Tipps.**

قدّم نصائح.

1 viel trinken   Trinken Sie viel! ....

2 wenig essen   ....

3 viel schlafen   ....

4 wenig sprechen   ....

1 **Schreiben Sie richtig.**

اكتب بالصيغة الصحيحة.

1 die Wnidle **die Windel** ....

2 das Plfsater ....

3 die Talbetet ....

4 das Aionbtikutim ....

5 die Zhancerme ....

6 das Sülptmitel ....

7 der Bybabrie ....

8 das Zfcäpehn ....

2 **Schreiben Sie Dialoge.**

اكتب حوارات.

A Tabletten / 2 pro Tag

Ich brauche Tabletten. – Hier, bitte. Nehmen Sie 2 pro Tag.

B Hustensaft / 3 Löffel pro Tag

....

C Antibiotikum / 2 Tabletten pro Tag

....

3 **Schreiben Sie Fragen. Wo finde ich … / Haben Sie …?**

اكتب أسئلة. أين أعثر على … / هل لديك …؟

1   *Haben Sie Waschmittel?* ....

2   *Wo* ....

3   ....

4 **Wo finde ich…? Ordnen Sie zu.**

أين أعثر على …؟ رتب.

1 ...... Gleich hier vorne rechts.

2 ...... Ganz hinten links.

a   b

1 Wörter. Hören Sie.

كلمات. استمع.

Kopf   **Au** ge   **Bauch**   **Bauch** schmer zen

2 Hören Sie und markieren Sie den Wortakzent.

استمع ثم علم على النبر في الكلمة.

Ohr | Na se | Fie ber | Hus ten | Kopf schmer zen | krank |
Ta blet te | A po the ke | Re zept | Dro ge rie | Wasch mit tel | Win deln | Pflas ter

3 Hören Sie noch einmal und wiederholen Sie. Klopfen Sie den Wortakzent.

استمع مرة أخرى ثم كرر. تعلم نبرة الجملة عن طريق النقر على الطاولة.

4 Sätze. Hören Sie.

جمل. استمع.

Was haben Sie? | Ich bin **krank**. | Ich habe **Hus**ten. |

Entschul**di**gen Sie! | Wo finde ich **Win**deln? | Gleich hier vorne **links**.

5 Hören Sie und markieren Sie den Satzakzent.

استمع ثم علم على النبر في الجملة.

Was hast du? | Ich habe Schnupfen. | Ich habe Schmerzen. |
Wo finde ich Pflaster? | Ganz hinten rechts.

6 Hören Sie noch einmal und wiederholen Sie. Klopfen Sie den Satzakzent.

استمع مرة أخرى ثم كرر. تعلم نبرة الجملة عن طريق النقر على الطاولة.

7 Dialoge. Hören Sie und achten Sie auf die Satzmelodie. Fragen und antworten Sie.

حوارات. استمع وانتبه إلى موسيقى الجملة. اسأل وأجب.

Entschuldigen Sie, ↘
wo finde ich Waschmittel? ↗

Und wo finde ich …? ↗

Gleich hier vorne links. ↘

…

Lektion 6

A Essen und Trinken

1 **Hören Sie und lesen Sie.**
استمع ثم اقرأ.

 die Butter
 der Käse
 der Joghurt
 die Milch
 das Fleisch
 der Fisch

 die Eier
 das Brot
 die Nudeln
 der Reis
 die Kartoffeln
 das Wasser

 der Kaffee
 der Tee
 der Saft
 das Gemüse
 das Obst
 die Nüsse

2 **Hören Sie noch einmal und wiederholen Sie.**
استمع مرة أخرى ثم كرر.

> Ich trinke Kaffee.
> Du trinkst Milch.
>
> Ich esse Nudeln.
> Du **isst** Reis.

3 **Hören Sie und lesen Sie mit verteilten Rollen.**
استمع ثم اقرأ مع توزيع الأدوار.

- Ich esse gern Nudeln. Und du, was isst du gern, Ahmed?
- Ich esse gern Reis.
- Und was trinkst du gern?
- Ich trinke gern Kaffee.

4 **Was essen und trinken Sie gern? Sprechen Sie. Benutzen Sie ein Wörterbuch.**
ما هو الطعام والشراب المفضل لك؟ تحدث. استخدم القاموس.

Lammfleisch

 Ich esse gern

Tee

Ich trinke gern

 Tomaten

Hühnerfleisch

Wasser

In allen Großstädten gibt es Lebensmittelgeschäfte mit Produkten aus Ihrer Heimat. Oft finden Sie arabische, türkische und afrikanische Läden in der Nähe des Bahnhofs. Hier können Sie auch Kontakte zu Landsleuten knüpfen.

ستجد في جميع المدن الكبيرة محال بقالة بمنتجات من بلدك الأم وكثيرا ما تجد بالقرب من محطة القطار محال تركية أو عربية أو إفريقية الأصل حيث يمكنك التعارف على أشخاص من بلدك.

 5 **Alles falsch. Ergänzen Sie und lesen Sie mit verteilten Rollen.**

الكل خطأ. أكمل الآتى ثم اقرأ مع توزيع الأدوار.

- Ist das Tee?
- Nein, das ist kein Tee. 👎 Das ist Kaffee. 👍

- Ist das Gemüse?
- Nein, das ist kein … 👎 Das ist … 👍

- Ist das Butter?
- Nein, das ist keine … 👎 Das ist … 👍

> Das ist
> 👎 <u>kein</u> Tee.
> 👎 <u>kein</u> Gemüse.
> 👎 <u>kein</u><mark>e</mark> Butter.
>
> Ist das …?
> Ja. / Nein.

6 **Sprechen Sie und variieren Sie.**

تحدث ونوع الآتى.

Fleisch 👎	Fisch 👍
Wasser 👎	Milch 👍
Brot 👎	Reis 👍

7 **Was ist im Kühlschrank? Sprechen Sie.**

ماذا يوجد في الثلاجة؟ تحدث.

> *Gemüse*
> *Obst*
> *Milch*
> *Käse*
> *Fleisch*

> Im Kühlschrank sind Saft, Eier …

> Aber kein Gemüse …

 8 **Was ist in Ihrem Kühlschrank? Was fehlt? Sprechen Sie. Benutzen Sie ein Wörterbuch.**

ماذا يوجد في ثلاجتك؟ ماذا ينقص؟ تحدث. استخدم القاموس.

B Einkaufen

 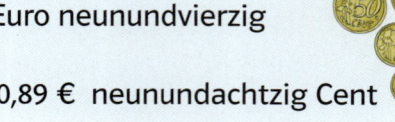

1,49 €
ein Euro neunundvierzig

0,89 € neunundachtzig Cent

 1 **Was kostet …? Hören Sie und lesen Sie.**
77

بِكم …؟ استمع ثم اقرأ.

1 Liter Milch
0,55 €

1 Flasche Saft
2,99 €

6 Eier
2,69 €

1 Liter (l)

1 Kilo (kg) =
1000 Gramm (g)

1 Dose Tomaten
0,39 €

1 Kilo Äpfel
1,49 €

1 Glas Marmelade
2,99 €

100 g Wurst
2,49 €

5 Brötchen
1,25 €

1 Packung Zucker
0,49 €

 **2** **Hören Sie den Dialog. Dann hören Sie noch einmal und wiederholen Sie.**
78

استمع إلى الحوار. ثم استمع مرة أخرى وكرر.

- ● Was kostet eine Dose Tomaten?
- ○ Neununddreißig Cent.
- ● Oh, das ist billig! Und was kosten …?

Was kostet 1 Dose Tomaten?
Was kosten 2 Dosen Tomaten?

 Das ist teuer. ⟷ Das ist billig.

 3 **Was kostet das? Sprechen Sie und variieren Sie den Dialog in 2.**

كم يكلف هذا؟ تحدث ثم نوع الحوار رقم 2.

Was kosten fünf Brötchen? …

4 **Nelson und Rose kaufen ein. Welche Sätze hören Sie? Kreuzen Sie an.**
79

نيلسون وروز يتسوقان. أى جمل تسمعها؟ ضع علامة.

- ☐ Guten Tag, was kann ich für Sie tun?
- ☐ Gern. Sonst noch etwas?
- ☐ Ja, bitte noch 6 Eier.
- ☐ Gut, dann nehme ich bitte 1 Kilo Äpfel.
- ☐ 1 Kilo Tomaten, bitte.
- ☐ Eine Packung Nudeln bitte.
- ☐ Und was kosten die Äpfel?
- ☐ 1 Kilogramm für 2,99 €

5 Schreiben Sie den Dialog aus 4 in Ihr Heft und variieren Sie. Dann spielen Sie.

اكتب الحوار من رقم 4 في دفتر الدراسة ونوع. ثم مثل الحوار.

6 Zu Hause bei Rose. Was möchte Nelson? Kreuzen Sie an.

80

في منزل روز. ماذا يريد نيلسون؟ ضع علامة.

☐ Kaffee ☐ Tee ☐ Saft

7 Lesen Sie mit verteilten Rollen.

اقرأ مع توزيع الأدوار.

- ● Trinkst du einen Tee?
- ○ Nein, danke, keinen Tee.
- ● Vielleicht einen Kaffee?
- ○ Ja, gern.

8 Schreiben Sie.

اكتب.

1 Saft   Ich trinke keinen Saft.

2 Milch ....

3 Obst   Ich esse

4 Fisch ....

> Ich trinke/esse
> (k)ein<mark>en</mark> Tee
> (k)ein Ei
> (k)eine Tomate
> - / keine Nudeln

9 Was essen / trinken Sie (nicht)? Sammeln Sie und sprechen Sie.

ماذا (لا) تأكل / تشرب؟ اجمع معلومات ثم اقرأ.

☺	☹
Fisch	Alkohol
	Schweinefleisch

TIPP 14

In Deutschland werden alle Fleischsorten angeboten und in einigen Geschäften wird Fleisch „halal" verkauft. Es gibt Menschen, die aus ethischen Gründen kein Fleisch oder gar keine tierischen Produkte essen. Es ist wichtig, dass all diese Ernährungsweisen respektiert werden und die Vielfalt erhalten bleibt.

يتوفر في ألمانيا كل أنواع اللحوم، بل أن بعض المحال تبيع اللحم الحلال. هناك أشخاص لا يأكلون اللحوم أو المنتجات الحيوانية لأسباب أخلاقية. يجب أن نحترم عادات الجميع الغذائية حفاظا علي استمرار التنوع.

C Guten Appetit!

1 **Was heißt „Guten Appetit" in Ihrer Sprache?**

ما معنى (Guten Appetit) في لغتك؟

Guten Appetit! بالهناء والشفاء! Bon appétit ! Enjoy your meal!

2 **Ziad macht Köfte. Hören Sie und wiederholen Sie.**

81

زياد يطبخ كفتة. استمع ثم كرر.

Rezept für Köfte

Hackfleisch

Petersilie

Toastbrot

Zwiebeln

Chilipulver

Olivenöl

Fladenbrot

Salat

Joghurt

Knoblauch

Paprikapulver

Salz   Pfeffer

3 **Was braucht Ziad? Ergänzen Sie die Einkaufsliste.**

ماذا يريد زياد؟ أكمل قائمة الطلبات.

500 g H
1 Flasche O
1 Packung C
1 Packung T
1 F
1 Bund P
1 Kilo Z

4 **Ziad und Yara möchten im Park grillen. Was hören Sie? Kreuzen Sie an.**
82

زياد و يارا يريدان الشواء في الحديقة. ماذا تسمع؟ ضع علامة.

☐ den Pfeffer	☐ die Getränke	☐ Fladenbrot
☐ den Salat	☐ den Joghurt	☐ Petersilie
☐ die Teller 	☐ das Besteck 	☐ Hackfleisch

 5 **Hören Sie und wiederholen Sie.**
83

استمع ثم كرر.

* ● Also, ich kaufe die Getränke und das Fladenbrot.
* ○ Ja, gut. Kaufst du auch den Salat und den Joghurt?
* ● Ok, gern. Bringst du die Teller und das Besteck?
* ○ Ja, kein Problem.

> Ich kaufe
> **den** Salat.
> das Fladenbrot.
> die Petersilie.
> die Getränke.

 6 **Lesen Sie 5 mit verteilten Rollen.**

اقرأ رقم 5 مع توزيع الأدوار.

7 **Schreiben Sie Dialoge in Ihr Heft und variieren Sie mit anderen Lebensmitteln.**

اكتب الحوارات في دفترك ثم نوّع بأشياء أخرى من الطعام.

* ● Ich kaufe das Fladenbrot.
* ○ Ja, gut. Kaufst du auch den Joghurt?
* ● Okay.

8 **Spielen Sie Ihre Dialoge aus 7.**

العبوا الحوارات رقم 7.

TIPP 15

Grillen ist bei Jung und Alt sehr beliebt, auch wenn man keinen Garten hat. In der Öffentlichkeit ist Grillen in speziell ausgeschilderten Bereichen möglich, z. B. in Parks, an Seen oder an Flüssen. Achten Sie auf die Schilder, wo es erlaubt ist.

يفضل الكبار والصغار حفلات الشواء حتى ولو كانوا لا يمتلكون حديقة خاصة بهم، لذا هناك في الأماكن العامة كالحدائق أو علي ضفاف البحيرات أو الأنهار أماكن محددة يتاح للأفراد التجمع والشواء بها. ابحث دوما عن الأماكن المسموح بها للقيام بذلك.

9 **Ein Rezept aus Ihrem Land. Was brauchen Sie? Benutzen Sie ein Wörterbuch und schreiben Sie in Ihr Heft.**

طبق من بلدك. ماذا تحتاج؟ استخدم القاموس ثم اكتب في دفتر الدراسة.

Ich brauche …

10 **Stellen Sie Ihr Rezept im Kurs vor.**

قدم وصفة الطبق إلى الدورة الدراسية.

Das Essen heißt … Ich brauche …

1 Sehen Sie die Bilder an und hören Sie.
انظر للصور واستمع.

2 Schreiben Sie die Wörter mit Artikel.
اكتب الكلمات بالبداية اللغوية الصحيحة.

3 Hören Sie noch einmal und wiederholen Sie.
استمع مرة أخرى ثم كرر.

Butter   Käse   Fleisch

....

Fisch   Brot   Joghurt

....

Reis   Kartoffel   Ei

....

Kaffee

Tee

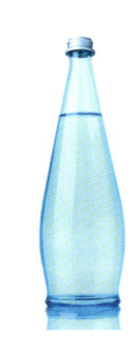

Wasser

Gemüse

Obst

Tomate

Flasche

Glas

Dose

Salz

Pfeffer

Olivenöl

1 **Schreiben Sie die Wörter mit Artikel.**
اكتب الكلمات بالبداية اللغوية الصحيحة.

der Kaffee

2 **Was passt nicht? Streichen Sie durch.**
ماذا لا يناسب؟ اشطب.

1	Butter	Käse	Joghurt	Nüsse
2	Brot	Kaffee	Tee	Milch
3	Nudeln	Fisch	Reis	Kartoffeln
4	Gemüse	Saft	Fleisch	Obst

3 **Ergänzen Sie *essen* und *trinken* in der richtigen Form.**
أكمل الفعل في الصيغة الصحيحة.

1 ● Ich .... gern Nudeln.   ○ Ich auch.

2 ● .... du gern Kaffee?   ○ Ja, sicher.

3 ● .... du gern Obst?   ○ Nein. Aber ich .... gern Gemüse.

4 ● Ich .... gern Tee.   ○ Und ich Kaffee.

4 **Ist das . . .? Ergänzen Sie *kein*, *kein*, *keine*.**
هل هذا ...؟ أكمل (kein, kein, keine).

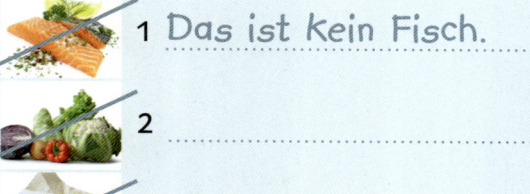 1 Das ist kein Fisch.   Das ist Fleisch.

2 ....

3 ....

 4 ....

1 **Verbinden Sie. Es gibt mehrere Möglichkeiten.**

رتب الآتى. هناك امكانيات عديدة.

ein Liter ————————	Zucker
ein Glas	Milch
eine Flasche	Marmelade
eine Packung	Eier
eine Dose	Äpfel
sechs	Saft
zwei Kilo	Tomaten

2 **Was ist richtig: *kostet* oder *kosten*?**

ما هو الصحيح: (ko ﺖ et) أم (ko ﺖ en)؟

1 Was .... eine Packung Zucker?

2 Was .... sechs Eier?

3 Was .... eine Flasche Saft?

4 Die Brötchen .... 2,45 €.

5 Ein Kilo Äpfel .... 1,49 €.

3 ***Teuer* oder *billig*?**

غالية أم رخيصة؟

 3,50 €

 0,46 €

 4,30 €

Das ist teuer!

....

4 **Ergänzen Sie *ein-* oder *kein-*.**

أكمل بالكلمة المناسبة.

1

● Trinkst du einen Saft?

○ Nein, danke, ... Saft.

● Vielleicht .... Tee?

○ Ja, gern.

2

● Trinken Sie .... Wasser?

○ Nein, danke, ... Wasser.

● Vielleicht .... Kaffee?

○ Ja, ich nehme gern .... Kaffee. Aber bitte

.... Milch und .... Zucker.

1 Ergänzen Sie das Kreuzworträtsel.

أكمل الكلمات المتقاطعة.

2 Schreiben Sie.

اكتب.

1 Ich kaufe den Salat.

2 ....

3 ....

4 ....

5 ....

3 Ergänzen Sie die Wörter mit Artikel.

أكمل الكلمات مع وضع البداية اللغوية الصحيحة.

● Ich kaufe .... und ....

○ Ja, gut. Kaufst du auch .... und .... ?

● Ok, gern. Bringst du .... und .... ?

○ Ja, kein Problem.

4 Was kaufen Sie zum Grillen? Schreiben Sie drei Lebensmittel.

ماذا تشتري للشواء؟ اكتب ثلاثة أشياء من الطعام.

Ich kaufe den ....

1 Wörter. Hören Sie.
85

كلمات. استمع.

Brot   **Bu**t ter   Kar **tof** feln

2 Hören Sie und markieren Sie den Wortakzent.
86

استمع ثم علم على النبر في الكلمة.

Obst | Ge mü se | Kaf fee | To ma te | Gramm | Glas | Ki lo | Jo ghurt |
es sen | Fleisch | Schwei ne fleisch | Nu deln | trin ken | Was ser | Tee

3 Hören Sie noch einmal und wiederholen Sie. Klopfen Sie den Wortakzent.
86

استمع مرة أخرى ثم كرر. تعلم نبرة الجملة عن طريق النقر على الطاولة.

4 Sätze. Hören Sie.
87

جمل. استمع.

Trinken Sie Tee? | **Ja, gern.** | **Trinken Sie Tee?** | **Nein,** dan ke.

5 Hören Sie und markieren Sie den Satzakzent.
88

استمع ثم علم على النبر في الجملة.

Was trinkst du gern? | Ich trinke gern Kaffee. | Was kostet eine Flasche Saft? |
Was isst du gern? | Ich esse gern Reis. | Ich esse kein Schweinefleisch.

6 Hören Sie noch einmal und wiederholen Sie. Klopfen Sie den Satzakzent.
88

استمع مرة أخرى ثم كرر. تعلم نبرة الجملة عن طريق النقر على الطاولة.

7 Dialoge. Hören Sie und achten Sie auf die Satzmelodie. Fragen und antworten Sie.
89

حوارات. استمع وانتبه إلى موسيقى الجملة. اسأل وأجب.

Ich esse gern … ↘

Ich esse gern Nudeln. ↘
Was isst **du** gern? →

Ich trinke gern … ↘

Ich trinke gern Kaffee. ↘
Was trinkst du gern? ↗

Und du? ↗

Lektion 7

A Wie spät ist es?

90

1 Lesen Sie und hören Sie. Zwei Uhrzeiten fehlen. Ergänzen Sie.

اقرأ ثم استمع. هناك وقتان ينقصان. أكمل.

halb drei

Viertel vor acht

Viertel nach drei

fünf vor halb eins

vier Uhr

zehn nach zwölf

fünf nach halb sechs

fünf vor elf

zwanzig vor sieben

2 Hören Sie noch einmal und wiederholen Sie.

استمع مرة أخرى ثم كرر.

Es ist halb drei.
Es ist …

3 Wie spät ist es? Hören Sie und kreuzen Sie an.

91 كم الساعة؟ استمع ثم ضع علامة.

☐ halb fünf ☐ halb acht ☐ halb zwei

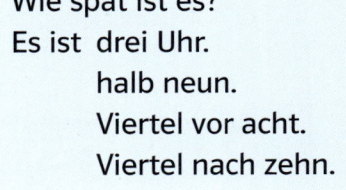
Wie spät ist es?
Es ist drei Uhr.
halb neun.
Viertel vor acht.
Viertel nach zehn.

 4 Lesen Sie mit verteilten Rollen.

اقرأ مع توزيع الأدوار.

● Entschuldigung, wie spät ist es?
○ Es ist halb acht.
● Danke.
○ Bitte.

5 Lesen Sie den Dialog in 4 und variieren Sie die Uhrzeiten.

اقرأ الحوار رقم 4 ثم نوع الأوقات.

fünf nach halb sechs | Viertel vor zehn | zwanzig nach drei

TIPP 16

Bitte seien Sie pünktlich, wenn Sie einen Termin beim Arzt, in der Schule oder bei einer Behörde haben. Bei Freunden sind Verspätungen nicht so schlimm, aber schreiben Sie einfach eine Nachricht, falls Sie sich mehr als zehn Minuten verspäten sollten.

عليك الإلتزام التام بالحضور في الموعد المحدد لمقابلتك عند الطبيب، أو بالمدرسة، أو بالجهات الحكومية. إلا أن الأمر أكثر يسرا في حال التأخر عند مقابلة الأصدقاء، وإن كان يفضل ارسال رسالة في حال تأخرك أكثر من عشر دقائق.

6 Zeichnen Sie eine Uhrzeit auf ein Blatt Papier.

Gehen Sie umher und fragen Sie nach der Uhrzeit.

ارسم توقيت الساعة على ورقة.
تحرك في قاعة الدراسة واسأل عن التوقيت.

● Entschuldigung, wie spät ist es?
○ Es ist acht Uhr.
● Danke.
○ Bitte.

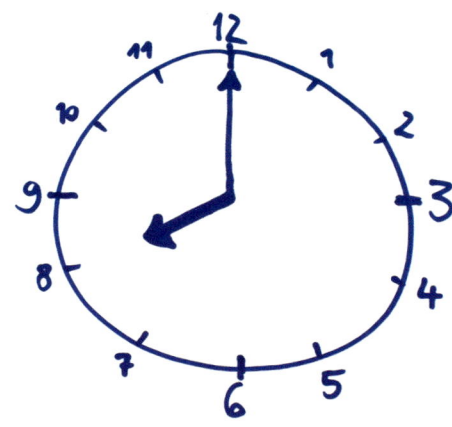

B Mein Tag

1 **Offizielle Uhrzeiten. Schreiben Sie.**

التوقيت الرسمي. اكتب.

`07:15`   `19:15`

Es ist ... *sieben Uhr fünfzehn.*   *neunzehn Uhr fünfzehn.*

`11:05`   `13:30`

....

`08:00`   `22:25`

....

92

2 **Wann und wo? Hören Sie und lesen Sie. Sprechen Sie.**

متى وأين؟ استمع ثم اقرأ.

- ● Du, Farid, wo ist der A2-Kurs?
- ○ Raum 118.
- ● Und wann fängt der Kurs an?
- ○ Um neun Uhr dreißig.
- ● Wann hört er auf?
- ○ Um zwölf Uhr dreißig.
- ● Ah, danke.
- ○ Bitte, gern.

> Wann fängt ... an?
> Wann hört ... auf?
> <mark>Um</mark> neun Uhr dreißig.

VHS Berlin Mitte	Deutschkurse heute	
A1	Raum 024	18:15 Uhr – 21:15 Uhr
A2	Raum 118	09:30 Uhr – 12:30 Uhr
B1	Raum 215	17:30 Uhr – 20:30 Uhr
B2	Raum 086	08:15 Uhr – 11:15 Uhr
C1	Raum 334	13:15 Uhr – 16:15 Uhr

> Du Jesseca, wo ist der A1-Kurs?

> Raum ...

3 **Und Ihr Deutschkurs? Ergänzen Sie die Tabelle oben und sprechen Sie.**

ودورة اللغة الألمانية خاصتك؟ أكمل الجدول فوق ثم تحدث.

- ● Wo ist der Deutschkurs?   ○ Im Raum ...
- ● Wann fängt der Deutschkurs an?   ○ Um ...
- ● Und wann hört er auf?   ○ Um ...

4 **Leilas Tag. Hören Sie und ergänzen Sie die Uhrzeiten.**

يوم ليلى. استمع ثم أكمل الأوقات.

(7 Uhr morgens) | 9 Uhr abends | 8 Uhr morgens | 11 Uhr abends | 5 Uhr nachmittags |
6 Uhr abends | 12 Uhr mittags | 8 Uhr abends | 9 Uhr morgens

Ich stehe auf.
7 Uhr morgens

Ich frühstücke.

Ich arbeite.

Ich mache Pause.

Ich kaufe ein.

Ich besuche eine Freundin.

Ich lerne Deutsch.

Ich sehe fern.

Ich höre Musik und ich schlafe.

5 **Hören Sie noch einmal und wiederholen Sie.**

استمع مرة أخرى ثم كرر.

> Ich **stehe** um 7 Uhr morgens **auf**.
> Ich **kaufe** um 5 Uhr nachmittags **ein**.

6 **Was sagt Leila? Schreiben Sie in Ihr Heft.**

ماذا تقول ليلى؟ اكتب في دفترك.

Ich stehe um sieben Uhr morgens auf. ...

7 **Und Ihr Tag? Fragen Sie Ihren Partner / Ihre Partnerin und machen Sie Notizen.**

ويومك؟ اسأل زميلك / زميلتك ثم اكتب ملاحظاتك.

Wann stehst du auf?   Wann frühstückst du?
Wann machst du Pause?   Wann kaufst du ein?
Wann lernst du Deutsch?   Wann siehst du fern?

8 **Berichten Sie über Ihren Partner / Ihre Partnerin.**

اعمل تقريرا عن زميلك / زميلتك.

Farid steht um 8 Uhr auf. Er ...

> Er / Sie **steht** um ... **auf**.
> Er / Sie frühstückt um ...
> Er / Sie **sieht** um ... **fern**.

C Gestern und heute

1 **Hören Sie und ergänzen Sie die Wochentage.**
94
استمع ثم أكمل أيام الأسبوع.

Freitag | Montag | Sonntag

1	2	3	4	5	6	7
....	Dienstag	Mittwoch	Donnerstag	....	Samstag	....

2 **Hören Sie noch einmal und wiederholen Sie.**
94
استمع مرة أخرى ثم كرر.

3 **Sprechen Sie und ergänzen Sie die Tage.**
تحدثوا ثم أكملوا الأيام.

Gestern war ...	Heute ist ...	Morgen ist ...
Dienstag	Mittwoch	Donnerstag
Montag	....	....
....	....	Samstag

4 **Hören Sie und wiederholen Sie.**
95
استمع ثم كرر.

- ● Welcher Tag ist heute?
- ○ Heute ist ...
- ● Welcher Tag ist morgen?
- ○ Morgen ist ...
- ● Und welcher Tag war gestern?
- ○ Gestern war ...

> Welcher Tag ist heute?
>
> Heute ist ...
>
> Morgen ist ...
>
> Gestern war ...

5 **Spielen Sie Dialoge wie in 4 und variieren Sie mit dem heutigen Tag.**
العبوا حوارات كما في رقم 4 ونوعوا بإستخدام تاريخ اليوم.

TIPP 17

In Deutschland gibt es eine gesetzlich verordnete „Sonntagsruhe", die auf religiöse Gründe zurückgeht. Die meisten Geschäfte sind geschlossen und nur ein kleiner Teil der Bevölkerung arbeitet. Man macht etwas mit der Familie oder Freunden oder geht in die Kirche. Es bedeutet aber auch, dass man am Sonntag besonders Rücksicht nehmen und Lärm in der Wohnung vermeiden sollte.

ينص القانون الألماني على «راحة يوم الأحد» التي يرجع أصلها إلى المعتقدات الدينية. معظم المحلات التجارية تغلق أبوابها في هذا اليوم والقليل من الناس يعمل بهذا اليوم، ففيه يجتمع الناس بأصدقائهم وعائلاتهم أو يذهبون الى الكنيسة. هذا يعني أيضاً، أنه يجب مراعاة الآخرين وتجنب الضوضاء داخل المنازل.

MONTAG	10.00 - 20.00
DIENSTAG	10.00 - 20.00
MITTWOCH	10.00 - 20.00
DONNERSTAG	10.00 - 20.00
FREITAG	10.00 - 20.00
SAMSTAG	10.00 - 20.00
SONNTAG	GESCHLOSSEN

6 Samira sucht einen Job. Hören Sie. Wer sagt was? Ergänzen Sie S für Samira und P für Personalchef.

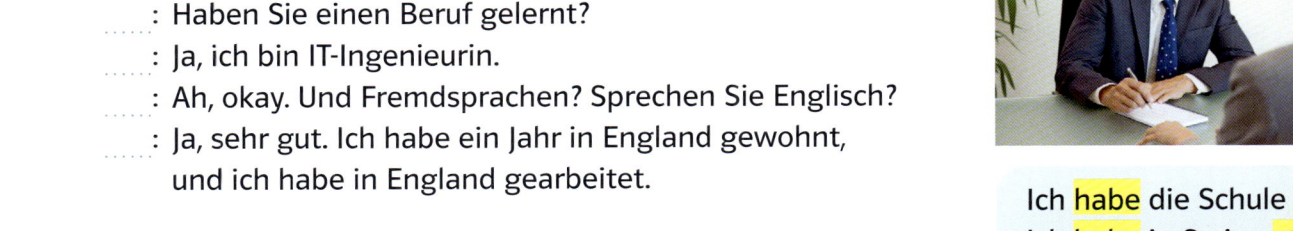

سميرة تبحث عن عمل. استمع. من يقول ماذا؟ أكمل بِـ (S) لِـ سميرة وبِـ (P) لِـ مدير الموظفين.

P : Kommen Sie aus Syrien?

...... : Ja, ich habe in Damaskus die Schule besucht,
und ich habe dort an der Universität studiert.

...... : Haben Sie einen Beruf gelernt?

...... : Ja, ich bin IT-Ingenieurin.

...... : Ah, okay. Und Fremdsprachen? Sprechen Sie Englisch?

...... : Ja, sehr gut. Ich habe ein Jahr in England gewohnt,
und ich habe in England gearbeitet.

> Ich <mark>habe</mark> die Schule <mark>besucht</mark>.
> Ich <mark>habe</mark> in Syrien <mark>studiert</mark>.
>
> Du <mark>hast</mark> Englisch <mark>gelernt</mark>.
> Er <mark>hat</mark> in Berlin <mark>gewohnt</mark>.
> Sie <mark>hat</mark> in Wien <mark>gearbeitet</mark>.

7 Lesen Sie 6 mit verteilten Rollen.

اقرأ رقم 6 مع توزيع الأدوار.

8 Lesen Sie 6 noch einmal und unterstreichen Sie *besucht, studiert* …

… (besubt, udiert) وضع خطاً تحت أخرى، مرة 6 رقم اقرأ

9 Was haben Sie gelernt / studiert? Sprechen Sie. Benutzen Sie ein Wörterbuch.

ماذا تعلمت / درست؟ تحدث. استخدم القاموس.

● Hast du einen Beruf gelernt?

○ Ja, ich habe … gelernt.

● Und hast du studiert?

○ Ja, ich habe …studiert. / Nein, ich habe nicht studiert.

10 Schreiben Sie Ihren Mini-Lebenslauf.

اكتب نسخة مختصرة من السيرة الذاتية لك؟

Schule	Ich habe in die Schule besucht.
Universität	Ich habe studiert.
Beruf	gelernt
	gearbeitet.
Fremdsprachen	

11 Präsentieren Sie Ihren Lebenslauf im Kurs.

قدم سيرتك الذاتية في الدورة الدراسية.

Ich komme aus … Ich habe …

1 **Sehen Sie die Bilder an und hören Sie.**

97 انظر للصور واستمع.

2 **Schreiben Sie die Wörter (mit Artikel).**

اكتب الكلمات (بالبداية اللغوية الصحيحة).

 3 **Hören Sie noch einmal und wiederholen Sie.**

97 استمع مرة أخرى ثم كرر.

morgens

....

vormittags

nachmittags

abends

....

nachts

anfangen

aufhören

aufstehen

frühstücken

Pause machen

einkaufen

besuchen

lernen

fernsehen

Musik hören

schlafen

studieren

<u>Universität</u>

gestern

heute

morgen

1 **Schreiben Sie die Uhrzeiten.**

اكتب الأوقات.

neun Uhr ....

2 **Ergänzen Sie *vor* und *nach*.**

أكمل بِ (إلا) و (و) لمواقيت الساعة.

fünf vor sechs   zehn .... drei   zwanzig .... sieben   zehn .... acht

3 **Wie spät ist es? Schreiben Sie Sätze.**

كم الساعة؟ اكتب جملا.

`09:00`   Es ist neun Uhr. ....   `02:00` ....

`10:00` ....

4 **Mit oder ohne *Uhr*? Ergänzen Sie.**

مع أو بدون Uhr؟ أكمل.

1 Es ist fünf ....   4 Es ist Viertel vor zwölf ....

2 Es ist halb sechs ....   5 Es ist zehn ....

3 Es ist Viertel nach sieben ....   6 Es ist zwanzig vor drei ....

5 **Ergänzen Sie.**

أكمل الآتي.

Danke | wie spät | halb

Entschuldigen Sie, (1) .... ist es?

Es ist (2) .... drei.

(3) ....

1 **Schreiben Sie.**

اكتب.

Es ist … AM 06:45   sechs Uhr fünfundvierzig.

AM 04:15   ....

PM 13:25   ....

PM 21:35   ....

2 **Ergänzen Sie *an*, *auf* oder *um*.**

أكمل بـ (an) أو (auf) أو (um).

● Du, Farid, wann fängt der B1-Kurs .... ?

○ .... neun Uhr dreißig.

● Und wann hört er .... ?

○ .... zwölf Uhr dreißig.

3 **Ordnen Sie zu.**

رتب الآتى.

6–9 Uhr   abends
9–12 Uhr   morgens
12–14 Uhr   vormittags
14–17 Uhr   mittags
17–22 Uhr   nachmittags

4 **Schreiben Sie Sätze.**

اكتب جملا.

 7 Uhr morgens

 8 Uhr morgens

 10 Uhr vormittags

 12 Uhr mittags

 5 Uhr nachmittags

 6 Uhr abends

Laila steht um 7 Uhr morgens auf. Sie

....

....

....

Training C

1 **Ordnen Sie und schreiben Sie.**

رتب ثم اكتب.

Sonntag | Mittwoch | Freitag | Dienstag | Samstag | (Montag) | Donnerstag

Montag ....

2 **Schreiben Sie.**

اكتب.

Welcher Tag ist heute? ....

Welcher Tag ist morgen? ....

Welcher Tag war gestern? ....

3 **Ordnen Sie zu.**

رتب الآتى.

1 Ich habe in   a und Deutsch gelernt.
2 Sie hat an der   b in Berlin gearbeitet.
3 Er hat   c Wien gewohnt.
4 Du hast Englisch   d Beruf gelernt.
5 Ich habe einen   e Universität studiert.

4 **Ergänzen Sie.**

أكمل الآتى.

gearbeitet | (besucht) | gelernt | studiert | gewohnt

● Kommen Sie aus Lagos?

○ Ja, ich habe in Lagos die Schule (1) *besucht*, und ich habe dort an der Universität

(2) ....

● Haben Sie einen Beruf (3) ....?

○ Ja, ich bin Lehrer.

● Ah, okay. Und Fremdsprachen? Sprechen Sie Französisch?

○ Ja, sehr gut. Ich habe ein Jahr in der Schweiz (4) ...., und ich habe

in Zürich (5) ....

5 **Und Sie? Schreiben Sie drei Sätze über sich.**

وأنت؟ اكتب ثلاث جمل عن نفسك.

....

....

1 Wörter. Hören Sie.

كلمات. استمع.

mor gens   **Diens** tag   **Don** ners tag

---

2 Hören Sie und markieren Sie den Wortakzent.

استمع ثم علم على النبر في الكلمة.

Mon tag | a bends | Mitt woch | mit tags | ges tern | heu te | mor gen

---

3 Hören Sie noch einmal und wiederholen Sie. Klopfen Sie den Wortakzent.

استمع مرة أخرى ثم كرر. تعلم نبرة الجملة عن طريق النقر على الطاولة.

---

4 Sätze. Hören Sie.

جمل. استمع.

Wie **spät** ist es?   Es ist **drei** Uhr.   Halb **neun**.   Viertel vor **zehn**.

---

5 Hören Sie und markieren Sie den Satzakzent.

استمع ثم علم على النبر في الجملة.

Es ist Viertel nach elf. | Es ist halb drei. | Es ist vier Uhr. | Entschuldigung. |
Wann lernst du Deutsch? | Am Montag. | Um fünf Uhr. | Um halb sechs.

---

6 Hören Sie noch einmal und wiederholen Sie. Klopfen Sie den Satzakzent.

استمع مرة أخرى ثم كرر. تعلم نبرة الجملة عن طريق النقر على الطاولة.

---

7 Dialoge. Hören Sie und achten Sie auf die Satzmelodie. Fragen und antworten Sie.

حوارات. استمع وانتبه إلى موسيقى الجملة. اسأل وأجب.

Entschuldigung, wie spät ist es? ↗

Es ist … ↘

Ich lerne am Sonntag Deutsch. ↘
Wann lernst **du** Deutsch? →

Am … ↘
Und du? ↗ …

A Bus und Bahn

 1 **Hören Sie und kreuzen Sie an.**
103

استمع ثم ضع علامة.

Wie kommt Nilüfer zum Deutschkurs?

☐ Mit dem Bus.   ☐ Mit der U-Bahn.   ☐ Mit dem Zug.

☐ Mit dem Taxi.   ☐ Mit dem Fahrrad.   ☐ Mit der Straßenbahn.

mit dem <u>Zug</u>	zum <u>Deutschkurs</u>	
mit dem <u>Taxi</u>	zum <u>Jobcenter</u>	zu Fuß 
mit der <u>U-Bahn</u>	zur <u>Schule</u>	

 2 **Hören Sie und wiederholen Sie.**
104

استمع ثم كرر.

3 **Machen Sie ein Kettenspiel. Sprechen Sie.**

العبوا سويا لعبة التسلسل. تحدثوا بالترتيب.

- ● Leila, wie kommst du zum Deutschkurs?
- ○ Mit dem Bus. Und du, Ahmed, wie …

 4 **In Berlin, am Alexanderplatz. Hören Sie und lesen Sie.**
105

في برلين، عند ميدان اليكساندر. استمع ثم اقرأ.

- ● Entschuldigung, wie komme ich zum Kottbusser Tor?
- ○ Fahren Sie mit der S7 zur Warschauer Straße. Dann mit der U1 zum Kottbusser Tor.
- ● Mit der U1 zum …? Entschuldigung, noch einmal bitte.
- ○ Zum Kottbusser Tor.

> Entschuldigung, noch einmal bitte!

5 Hören Sie noch einmal und suchen Sie die Orte auf dem Plan.

استمع مرة أخرى ثم ابحث عن الأماكن على الخريطة.

6 Spielen Sie den Dialog aus Aufgabe 4 und variieren Sie.

العب الحوار كما أتى في تدريب رقم 4 مع التنويع.

Berliner S-Bahn und U-Bahn

zum Potsdamer Platz | zum Brandenburger Tor |
zum Naturkunde-Museum | zur Friedrichstraße

TIPP 18

Bitte fahren Sie nie ohne Ticket mit den öffentlichen Verkehrsmitteln. Das soge-
nannte „Schwarzfahren" ist sehr teuer und eine Straftat. Es kann sogar den Asyl-
antrag ernsthaft gefährden.

ينبغي عليك ألا تركب وسائل النقل العامة دون تذكرة. فهذا الأمر ـ المعروف
باللغة الألمانية بـ «السفر الأسود» ـ غير قانوني وغرامته عالية، بل قد يؤثر
هذا تأثيرا سلبياً على طلب اللجوء الذي قدمته.

7 Und Sie? Wie kommen Sie zum Deutschkurs? Machen Sie eine Liste und sprechen Sie.

وأنت؟ كيف تأتى إلى دورة اللغة الألمانية؟ اعمل قائمة ثم تحدث.

mit dem Bus IIII   mit der U-Bahn III   zu Fuß

● Vier kommen mit dem Bus.
○ Ja, und drei …

einundneunzig 91

B In der Stadt

1 **Was kennen Sie schon? Schreiben Sie mit Artikel und vergleichen Sie im Kurs.**

ماذا تعرف؟ اكتب بالبداية اللغوية الصحيحة ثم قارن في الدورة الدراسية.

Rathaus | Bahnhof | Bushaltestelle | Ampel | Kreuzung | Goethe-Schule |
Supermarkt | Kirche | Bank | Spielplatz | Apotheke | Taxistand

das Rathaus

2 **Hören Sie und wiederholen Sie.**

106

استمع ثم كرر.

3 **Wohin muss Afra? Hören Sie und kreuzen Sie an.**

107

أين تريد «أفرا» أن تذهب؟ استمع ثم ضع علامة.

☐ zum Bahnhof ☐ zur Apotheke ☐ zur Goethe-Schule

4 **Lesen Sie mit verteilten Rollen.**

اقرأ مع توزيع الأدوار.

● Entschuldigung, wo ist die Goethe-Schule?
○ Das ist ganz einfach. Gehen Sie geradeaus,
   dann nach rechts und dann an der Kreuzung nach links.
● Danke schön.
○ Bitte, gern.

→ nach rechts
← nach links
↑ geradeaus

Die Polizei: dein Freund und Helfer! Das ist das Motto der deutschen Polizei. Fragen Sie ruhig einen Polizisten oder eine Polizistin, wenn Sie Probleme haben oder auch nur nach dem Weg fragen wollen. Sie können ihnen vertrauen, denn sie sind da, um zu helfen. Im Notfall wählen Sie die 110 oder 112.

الشرطة: صديقك وفي خدمتك! هذا هو شعار الشرطة الألمانية. عندما يكون هناك مشكلة أو تريد الإستفسار عن الطريق، لا تتردد في سؤال الشرطي أو الشرطية. يمكنك أن تثق بهم، لأنهم هنا لمساعدتك. في حالة الطوارئ اطلب رقم 110 أو 112.

5 **Würfeln Sie zweimal. Das erste Mal für Start, das zweite Mal für Ziel. Fragen Sie nach dem Weg.**

ارم النرد مرتين. المرة الأولى للبدء، والمرة الثانية للهدف. اسأل عن الطريق.

Start	**1**	**2**	**3**	**4**	**5**	**6**
Ziel	Bahnhof	Supermarkt	Kirche	Spielplatz	Rathaus	Goethe-Schule

- ● Entschuldigung, wo ist das Rathaus?
- ○ Das ist ganz einfach. Gehen Sie geradeaus und dann nach rechts.

● = Start 1 auf der Karte

⚄ = Ziel Rathaus

6 **Was ist Ihr Lieblingsort in Ihrer Stadt? Wie kommen Sie hin? Schreiben Sie in Ihr Heft.**

ما هو أفضل مكان لك في مدينتك؟ كيف تذهب إلى هناك؟ اكتب في دفترك.

Mein Lieblingsort ist ein Café in der Goethestraße. Ich fahre mit ...
Dann gehe ich geradeaus ...

C Welche Kleidung passt?

1 **Wie ist das Wetter in …? Hören Sie und ordnen Sie zu.**

كيف الطقس في …؟ استمع ثم رتب.

Es regnet. | Es schneit. | Es ist warm. | Es ist kalt. | Es ist sonnig.

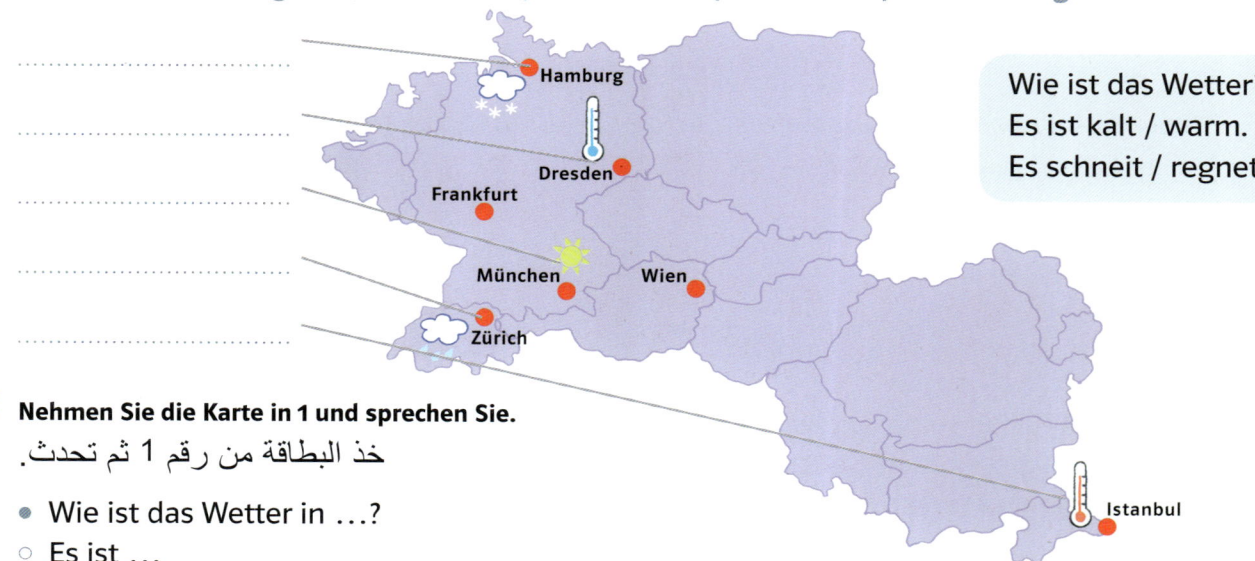

Wie ist das Wetter?
Es ist kalt / warm.
Es schneit / regnet.

2 **Nehmen Sie die Karte in 1 und sprechen Sie.**

خذ البطاقة من رقم 1 ثم تحدث.

- Wie ist das Wetter in …?
- Es ist …

3 **Hören Sie und wiederholen Sie.**

استمع ثم كرر.

 Pullover

 Hose

 Mantel

 Handschuhe

 T-Shirt

 Stiefel

 Mütze

 Kleid

 Schal

 Schuhe

 Rock

 Socken

4 **Welche Kleidung passt zu welchem Wetter? Ordnen Sie zu und schreiben Sie mit Artikel.**

أى ملابس مناسبة لأى مناخ؟ رتب ثم اكتب مع وضع البداية اللغوية الصحيحة.

der Schal

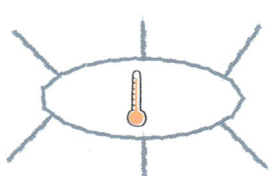

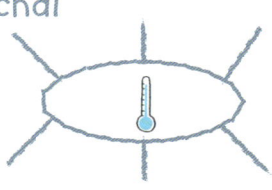

Es ist kalt. Ein Schal passt heute gut.

Für viele Menschen ist Kleidung ein wichtiger Ausdruck ihrer persönlichen Identität. Ob Frauen oder Männer lange Kleider oder kurze Hosen tragen, ist ihre freie Entscheidung und sollte respektiert werden. In der Arbeitswelt oder bei offiziellen Anlässen sollte man korrekt gekleidet sein.

تعد الملابس من الأشكال الهامة لتعبير المرء عن شخصيته. للرجال والنساء على حد سواء حرية اختيار ما يرتدونه من ملابس، سواء كانت ملابس طويلة أو قصيرة، وهو ما يجب أن يُحترم. عليك بارتداء ما يتناسب مع المكان والحدث في العمل وفي المناسبات الرسمية.

 5 **Wann trägt man was? Hören Sie und ergänzen Sie.**
110
متى يرتدي المرء ماذا؟ استمع ثم أكمل.

(zum Jobinterview) | zu Hause | zur Grillparty | zur Wohnungsbesichtigung

1  **2** **3**  **4**

Zum Jobinter-
view

trage ich eine Bluse und einen Rock.

trage ich ein T-Shirt und eine Jeans.

trage ich ein Hemd und vielleicht ein Sakko.

tragen wir einen Pullover und eine Jogginghose.

 6 **Und Sie? Sprechen Sie.**
وأنت؟ تحدث.

- Was trägst du zum Jobinterview?
- Zum Jobinterview trage ich …

Ich		trage	eine Jeans.
Zu Hause		trage ich	eine Jeans.
Sie		trägt	eine Bluse.
Zum Jobinterview		trägt sie	eine Bluse.

 7 **Hören Sie und ergänzen Sie die Farben.**
111
استمع ثم أكمل الألوان.

bl........ r...t gr...n g...lb w........ß schw...rz

 8 **Personen raten. Beschreiben Sie eine Person im Kurs. Ihr Partner / Ihre Partnerin rät.**
عرف بِشخص من الدورة الدراسية. زميلك / زميلتك يخمن مَن هو الشخص.

- Ich sehe ein T-Shirt. Es ist blau.
- Das ist Ibu.
- Ich sehe ein Kopftuch. Es ist …

1 Sehen Sie die Bilder an und hören Sie.

انظر للصور واستمع.

2 Schreiben Sie die Wörter (mit Artikel).

اكتب الكلمات (بالبداية اللغوية الصحيحة).

3 Hören Sie noch einmal und wiederholen Sie.

استمع مرة أخرى ثم كرر.

Bus

U-Bahn

Taxi

Fahrrad

Straßenbahn

Zug

rechts

links

geradeaus

Rathaus

Bahnhof

Kirche

Bank

Spielplatz

Hose

Rock

Hemd

Bluse

Mantel

Schuhe

Kopftuch

1 **Schreiben Sie.**

اكتب.

Wie kommst du zum Deutschkurs?

1 Mit dem Bus.   2 ....

3 ....   4 ....

5 ....   6 ....

2 **Ergänzen Sie *zum*, *zum* oder *zur*.**

أكمل بالكلمة المناسبة.

- Serafina, wie kommst du .... Deutschkurs?
- Mit der Straßenbahn.
- Und .... Jobcenter?
- Mit der U-Bahn. Und du? Wie kommst du .... Schule?
- Mit dem Fahrrad.

3 **Was ist richtig? Markieren Sie.**

ما هو الصحيح؟ ضع علامة.

1 • <u>Entschuldigung</u> / Danke, wie spät ist es?   ○ Es ist zehn Uhr.
2 • Noch einmal / Entschuldigung, bitte!   ○ Schmidt. Ich heiße Schmidt.
3 • Entschuldigung / Danke, wie komme ich zur Friedrichstraße?
    ○ Gehen Sie hier vorne links und dann nach rechts.
4 • 100 Gramm Käse / Entschuldigung, bitte.   ○ Gerne.
5 • Hier, bitte / Entschuldigung.   ○ Danke.

4 **Schreiben Sie Fragen.**

اكتب أسئلة.

1 komme / Wie / zum Jobcenter? / ich   Wie komme ich zum Jobcenter?

2 zur Schule? / Wie / du / kommst   ....

3 finde / Wo / ich / die U-Bahn?   ....

4 spät / Wie / es? / ist   ....

5 Deutsch? / lernst / du / Wann   ....

5 **Und Sie? Wie kommen Sie zum Deutschkurs? Schreiben Sie.**

وأنت؟ كيف تأتى إلى دورة اللغة الألمانية؟ اكتب.

1 Suchen Sie sieben Wörter und schreiben Sie mit Artikel.

ابحث عن سبع كلمات واكتبها بالبداية اللغوية الصحيحة.

```
Z  D  W  Y  X  U  D  T  E  I  V  S
E  E  B  A  H  N  H  O  F  Q  R  C
H  V  Y  U  C  E  W  M  Q  A  N  H
S  U  P  E  R  M  A  R  K  T  I  U
E  L  T  S  I  R  C  A  Q  E  Ö  L
K  I  R  C  H  E  C  O  S  B  Q  E
S  L  X  N  I  F  C  W  E  A  B  H
A  C  A  M  P  E  L  E  N  N  S  N
I  H  E  I  E  O  N  E  A  K  P  L
K  R  E  U  Z  U  N  G  F  H  G  Y
```

die Ampel, ...

....

2 Ergänzen Sie.

أكمل الآتي.

- Entschuldigung, wo ist die Goethe-Schule?

- Das ist ganz einfach. Gehen Sie ↑ .... , dann nach → .... und

  dann an der Kreuzung nach ← ....

3 Schreiben Sie Fragen.

اكتب أسئلة.

1 <u>Rathaus</u>   Wo ist das Rathaus?

2 <u>Spielplatz</u> ....

3 <u>Apotheke</u>   ....

4 <u>Taxistand</u>   ....

4 Mein Lieblings-? Schreiben Sie.

المفضل لى؟ اكتب. (...)

Mein Lieblingsort: Café am Rathaus ....

Mein Lieblingsgetränk: ....

Mein Lieblingsgemüse: ....

Mein Lieblingsauto: ....

Mein Lieblingsstar: ....

Training C

1 **Schreiben Sie Dialoge.**

اكتب حوارات.

1 Istanbul 🌡️   Wie ist das Wetter in Istanbul? – Es ist warm.
....

2 Berlin ☀️
....

3 Köln 🌨️
....

4 Wien 🌧️
....

2 **Ordnen Sie zu und schreiben Sie.**

رتب ثم اكتب.

Pullover | Hose | Hemd | Mantel | Schuhe | Schal |
Rock | Mütze | Handschuhe | Sakko | Socken

<u>der</u>   Pullover, ...

<u>das</u>   ....

<u>die</u>   ....

<u>die</u>   ....

3 **Ergänzen Sie.**

أكمل الآتى.

<table>
<tr><td colspan="4" align="center">tragen</td></tr>
<tr><td>ich</td><td></td><td>wir</td><td></td></tr>
<tr><td>du</td><td></td><td>ihr</td><td></td></tr>
<tr><td>er / sie</td><td></td><td>sie / Sie</td><td></td></tr>
</table>

4 **Ergänzen Sie.**

أكمل الآتى.

1 Und was trägst du zu Hause? (<u>Jeans</u>)   Zu Hause trage ich eine Jeans.

2 Und zum Jobinterview? (<u>Sakko</u>)
....

3 Und zur Grillparty? (<u>T-Shirt</u>)
....

5 **Ordnen Sie zu und schreiben Sie.**

رتب ثم اكتب.

rot | grün | schwarz | weiß | gelb | blau

1 **Wörter. Hören Sie.**
113

كلمات. استمع.

Bus   **Fahr** rad   **Stra** ßen bahn

  · · ·

2 **Hören Sie und markieren Sie den Wortakzent.**
114

استمع ثم علم على النبر في الكلمة.

Ta xi | Schu le | Bahn hof | Am pel | Job cen ter | Bank | Rat haus | Spiel platz

3 **Hören Sie noch einmal und wiederholen Sie. Klopfen Sie den Wortakzent.**
114

استمع مرة أخرى ثم كرر. تعلم نبرة الجملة عن طريق النقر على الطاولة.

4 **Sätze. Hören Sie.**
115

جمل. استمع.

Zum **Deutsch**kurs? Mit dem **Zug**.   Zur Apo**the**ke? Mit dem **Fahr**rad.

5 **Hören Sie und markieren Sie den Satzakzent.**
116

استمع ثم علم على النبر في الجملة.

Wie kommst du zum Deutschkurs? | Wie kommst du zum Rathaus? |
Ich komme mit dem Fahrrad. | Ich fahre mit der Bahn. | Ich gehe zu Fuß.

6 **Hören Sie noch einmal und wiederholen Sie. Klopfen Sie den Satzakzent.**
116

استمع مرة أخرى ثم كرر. تعلم نبرة الجملة عن طريق النقر على الطاولة.

7 **Dialoge. Hören Sie und achten Sie auf die Satzmelodie. Fragen und antworten Sie.**

حوارات. استمع وانتبه إلى موسيقى الجملة. اسأل وأجب.
117

Wie kommst **du** zum Deutschkurs? ➜

Ich komme mit ...

A Meine Familie

1 **Hören Sie und wiederholen Sie.**

استمع ثم كرر.

- ● Hallo, ich heiße Rahwa.
- ○ Das ist mein Mann. Er heißt Eliwon.

- ● Hallo, ich bin Ben Schulz.
- ○ Und das ist meine Frau. Sie heißt Luisa.

mein Mann ⬭⬭ mein**e** Frau

2 **Was sagen die Personen? Schreiben Sie.**

ماذا يقول الأشخاص؟ اكتب.

Eliwon: Das ist ....   Luisa: Das ist ....

3 **Hören Sie und lesen Sie.**

استمع ثم اقرأ.

Ich heiße Suzan, und das ist meine Familie. Meine Familie ist klein. Das ist mein Mann.
Er heißt Reza. Er ist Krankenpfleger von Beruf. Und das ist meine Tochter, sie heißt Enissa.
Mein Sohn heißt Kian. Er ist 14 Jahre alt.

Meine Familie

4 **Lesen Sie noch einmal und ergänzen Sie die Namen im Foto.**

اقرأ مره أخرى ثم أكمل الأسماء في الصورة.

 mein Sohn ←  → mein**e** Tochter

5 **Ordnen Sie Fragen und Antworten zu.**

رتب الأسئلة والأجوبة.

1 Wie alt ist Suzans Sohn?   a Er ist Krankenpfleger.
2 Was ist Suzans Mann von Beruf?   b Sie heißt Enissa.
3 Wie heißt Suzans Tochter?   c Er ist 14 Jahre alt.

120

6 **Hören Sie zweimal und ergänzen Sie.**

استمع مرتين ثم أكمل.

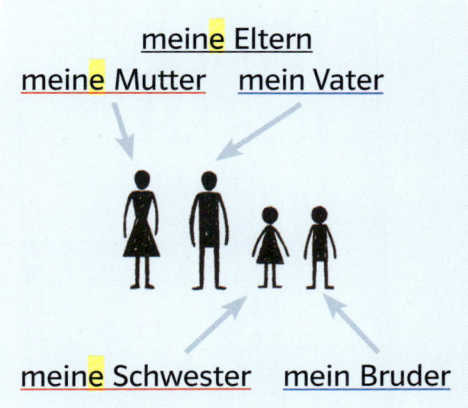

meine Eltern
meine Mutter   mein Vater

meine Schwester   mein Bruder

mein Vater | Meine Eltern | meine Schwester | Meine Mutter | mein Bruder

Das ist meine Familie. Sie ist groß. .... sind nicht verheiratet.

.... heißt Julia, und .... heißt Thomas.

Und das ist .... Charlotte. Sie ist 17 Jahre alt. Meine Schwester

Lara siehst du hier. Das ist .... Fabian, er ist 24 Jahre alt, und er

ist Erzieher.

TIPP 21

In Deutschland gibt es verschiedene Familienmodelle: verheiratete und unverheiratete Paare mit und ohne Kinder, Patchworkfamilien und Alleinerziehende. Gleichgeschlechtliche Ehen sind verbreitet und legal. Niemand darf aufgrund seiner sexuellen Orientierung diskriminiert werden.

في ألمانيا هناك نماذج مختلفة للأسرة: المتزوجين وغير المتزوجين، مع وبدون أطفال، الأسر من أبوين مختلفي العرق أو الجنسية، الأسر مع ولى أمر واحد. كما أن زواج المثليين مكفول قانونا في ألمانيا ويعد أمرا عاديا، فلا يوجد أي تمييز ضد أي توجه جنسي.

7 **Ihre Familie. Ergänzen Sie und schreiben Sie.**

عائلتك. أكمل ثم اكتب.

Das ist meine Familie. Das ist ...

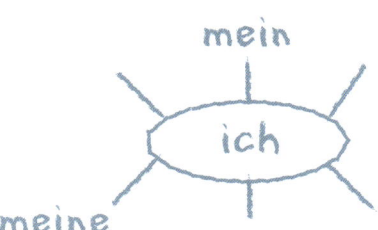

mein

ich

meine

8 **Zeigen Sie ein Foto und sprechen Sie über Ihre Familie.**

اعرض صورة وتحدث عن عائلتك.

Das ist meine Familie. Das ist ...

B Was machst du gern?

 1 **Was macht Masud? Hören Sie und nummerieren Sie.**
121
ماذا يفعل مسعود؟ استمع ثم رقم الآتى.

☐ Er tanzt.

☐ Er spielt Karten.

☐ Er geht ins Museum.

☐ Er sieht Filme.

☐ Er geht ins Café.

☐ Er geht ins Schwimmbad.

☐ Er chattet.

1 Er spielt Fußball.

☐ Er geht spazieren.

2 **Hören Sie. Wer sagt was? Schreiben Sie S für Sibel oder M für Mohammed.**
122
استمع. من يقول ماذا؟ اكتب حرف (S) لـ سيبل وحرف (M) لـ محمد.

> Ich gehe gern ins
> Schwimmbad.
> Ich gehe nicht gern
> ins Museum.

S Ich gehe gern ins Museum.   .... Ich gehe gern spazieren.

.... Ich chatte nicht gern.   .... Ich spiele gern Fußball.

.... Ich tanze gern.   .... Ich sehe nicht gern Filme.

3 **Was machen Sie gern / nicht gern? Schreiben Sie und benutzen Sie ein Wörterbuch.**
ماذا تفعل بسرور / بغير سرور؟ اكتب واستخدم القاموس.

 Ich tanze gern.   Ich spiele nicht gern Karten.

4 **Schreiben Sie die Fragen in Ihr Heft.**

اكتب الأسئلة في دفتر الدراسة.

1 Tanzt / gern / du?
2 du / gern / Siehst / Filme?
3 gern / Chattest / du?

4 du / gern / Gehst / ins Kino?
5 spazieren? / Gehst / du / gern
6 du / gern / Spielst / Fußball?

Tanzt du gern?

5 **Nehmen Sie die Fragen aus 4. und sprechen Sie.**

خذ الأسئلة من رقم 4 ثم تحدث.

● Tanzt du gern?
○ Ja, (sehr) gern. / Nein, nicht so gern.

> ich sehe
> du s**ie**hst
> er/sie s**ie**ht

TIPP 22

Informieren Sie sich über die Freizeitangebote in Ihrer Stadt / Region. In Deutschland gibt es überall Sport- und Musikvereine. Volkshochschulen bieten Kochkurse, Malkurse, Computertraining etc. an. Die Teilnahme ist günstig und für Flüchtlinge manchmal sogar kostenlos. Oft gibt es auch internationale Cafés, Begegnungsstätten für verschiedene Kulturen. Man kann dort neue Kontakte und Freunde finden und Deutsch sprechen.

استفسر عما يمكنك القيام به في وقت فراغك في المدينة / المنطقة. فالنوادى الرياضية والموسيقية منتشرة في جميع أنحاء ألمانيا. كما أن مراكز تعليم الكبار تقدم دروسا للطهي وللرسم، وللتدريب على الحاسب الآلي وخلاف ذلك. الأسعار معقولة بل أحيانا تقدم مجانا للاجئين. كما ستجد في كثير من الأحيان مقاهي دولية وأماكن تجمعات لمختلف الجنسيات والثقافات. هناك يمكنك أن تجد أصدقاء جدد والتحدث بالألمانية.

6   **Hören Sie und lesen Sie.**

123

استمع ثم اقرأ.

● Hallo Ben! Hast du am Wochenende Zeit?
○ Hallo Jasmin! Ja, klar.
● Gehen wir ins Museum?
○ Ok, am Samstag um 14.00 Uhr?
● Super, bis Samstag.

> Samstag
> + Sonntag
> = Wochenende

7 **Spielen und variieren Sie den Dialog in 6.**

العبوا الحوار رقم 6 ونوعوا.

8 **Gehen Sie im Kursraum umher und verabreden Sie sich mit drei Personen.**

تحرك في غرفة الدراسة ثم رتب مواعيد مع ثلاثة أشخاص.

Hast du am Samstag Zeit? …

C Mein Leben in Deutschland

1 **Wo finden Sie diesen Text? Kreuzen Sie an.**

أين تجد هذا النص؟ ضع علامة.

☐ im Internetforum ☐ bei Twitter ☐ in der Zeitung

---

www.deinforum//wir-in-deutschland.de

---

1 *bettyblue:* Ich sehe immer „Rebell Comedy" auf YouTube. Ich bin fröhlich 🙂, und ich lache gern. 😄 „Rebell Comedy" mit Benaissa ist meine absolute Lieblings-show! Benaissa ist in Nador, Marokko, geboren. Er ist sooo lustig!

2 *OutofSyria:* Ich komme aus Syrien. Hier in Deutschland habe ich oft Heimweh. Dann bin ich traurig 🙁 und telefoniere mit meiner Familie. Zum Glück gibt es William. Er ist mein Deutschlehrer. Er kommt aus Nigeria und ist 41 Jahre alt. Bei Problemen hilft er immer. Das finde ich super! 👍👍 Im Deutschkurs bin ich glücklich 😊.

3 *social_nerd:* Ich arbeite im Krankenhaus in Berlin Pankow. Ich bin Krankenpfle-ger. Jasmin ist meine Lieblingskollegin. Sie ist Psychologin, und sie kommt aus dem Iran. Sie arbeitet oft im Flüchtlingsheim hier in Pankow. Manchmal ist der Job sehr anstrengend 😅. Aber Jasmin ist nie müde. Sie liebt ihre Arbeit ❤️.

---

2 **Lesen Sie und ordnen Sie den Fotos die Texte aus 1 zu.**

اقرأ ثم رتب الصور على حسب النصوص من رقم 1.

☐ a ☐ b ☐ c

3 Lesen Sie den Text noch einmal und verbinden Sie.

اقرأ النص مرة أخرى ثم صل.

1 Ich sehe immer	a im Flüchtlingsheim.
2 Sie arbeitet oft	b sehr anstrengend.
3 Manchmal ist der Job	c oft Heimweh.
4 Sie ist nie	d müde.
5 In Deutschland habe ich	e „Rebell Comedy" auf YouTube.

4 Lesen Sie die Sätze in 3 noch einmal und ergänzen Sie.

اقرأ الجمل من رقم 3 مرة أخرى ثم أكمل.

Mo | Di | Mi | Do | Fr | Sa | So   manchmal ....

Mo | Di | Mi | **Do** | **Fr** | **Sa** | So   ....

Mo | **Di** | **Mi** | **Do** | **Fr** | **Sa** | **So**   immer ....

Mo | Di | Mi | Do | Fr | Sa | So   ....

5 Hören Sie und ordnen Sie die Wörter.

استمع ثم رتب الكلمات.

:) fröhlich (1)   😗 ....

:(....   😊 ....

6 Schreiben Sie einen Text wie in 5.

اكتب نصا مثل رقم 5.

7 Partnerinterview. Fragen Sie sich gegenseitig.

مقابلة. تحدثوا سويا وتبادلوا الأسئلة والإجابات.

	manchmal	oft	immer	nie	
YouTube sehen	☐	☐	☐	☐	• Siehst du oft YouTube?
telefonieren	☐	☐	☐	☐	○ Ja, ich sehe … / Nein, ich …
Deutsch lernen	☐	☐	☐	☐	
Karten spielen	☐	☐	☐	☐	
....	☐	☐	☐	☐	

8 Sprechen Sie über Ihren Partner / Ihre Partnerin.

تحدث عن زميلك / زميلتك.

Leila lacht oft. Sie …

1 **Sehen Sie die Bilder an und hören Sie.**
انظر للصور واستمع.

2 **Schreiben Sie die Wörter (mit Artikel).**
اكتب الكلمات (بالبداية اللغوية الصحيحة).

3 **Hören Sie noch einmal und wiederholen Sie.**
استمع مرة أخرى ثم كرر.

Mann   Frau   Sohn

Tochter   Vater   Mutter

Bruder   Schwester   Eltern

Familie

tanzen

Filme sehen

ins Museum gehen

Fußball spielen

spazieren gehen

ins Schwimmbad gehen

fröhlich

traurig

lachen

chatten

Deutsch lernen

1 **Ordnen Sie zu. Schreiben Sie mit Artikel.**

رتب الآتي. اكتب مع الأداة.

(Tochter)| Sohn | Schwester | Mutter | Bruder | Vater | Mann | Frau

die Tochter, ...

....

....

2 **Ordnen Sie zu. Schreiben Sie.**

رتب ثم اكتب.

(Das ist mein Mann.) Sie heißt Amara. | Und das ist meine Frau. | Er heißt Niklas.

Das ist mein Mann. ....

....

3 **Schreiben Sie.**

اكتب.

Meine Familie:

Das ist meine Mutter. ....

1

2 ....

3 ....

4 ....

4 **Ergänzen Sie mein oder meine.**

أكمل بالكلمة المناسبة.

Ich heiße Katrin und das ist (1) .... Familie.

(2) .... Familie ist klein. Das ist (3) .... Mann.

Er ist IT-Ingenieur von Beruf. Und das ist (4) .... Tochter.

Sie heißt Emilia, und sie ist 3 Jahre alt.

1 **Schreiben Sie.**

اكتب.

1  *tanzen* ....

2  ....

3 ....

4  ....

5 ....

2 **Ergänzen Sie.**

أكمل الآتى.

sehen

ich	....	wir	sehen
du	....	ihr	seht
er / sie	....	sie / Sie	....

3 **Antworten Sie mit** *(sehr) gern* **oder** *nicht so gern*.

أجب بِـ (كل) سرور / غير سرور (لا أحب).

1 Lachst du gern? 👍 *Ja, ich lache sehr gern.* ....

2 Spielst du gern Fußball? 👎 *Nein,* ....

3 Gehst du gern spazieren? 👍 ....

4 **Ergänzen Sie.**

أكمل الآتى.

(am)| um | bis | ins

● Hast du *am* Wochenende Zeit?

○ Ja, klar.

● Gehen wir .... Museum?

○ Ok, am Samstag .... 8 Uhr?

● Super, ... Samstag.

5 **Was machen Sie am Wochenende gern? Schreiben Sie.**

ماذا تعمل بسرور في نهاية الأسبوع؟ اكتب.

Ich ....

....

1 **Lesen Sie C1 noch einmal. Was stimmt? Kreuzen Sie an.**
اقرأ C1 مرة أخرى. ما هو صحيح؟

1 Woher kommt Benaissas Familie?   ☐ Aus Marokko.   ☐ Aus Syrien.
2 Was ist William von Beruf?   ☐ Deutschlehrer.   ☐ Erzieher.
3 Wo arbeitet Jasmin?   ☐ Im Flüchtlingsheim.   ☐ Im Krankenhaus.

2 **Ergänzen Sie.**
أكمل الآتى.

(fröhlich) | traurig | glücklich | müde

1 Ich sehe immer Comedy auf YouTube. Ich bin immer *fröhlich* , und ich lache gern.

2 Hier in Deutschland habe ich oft Heimweh. Dann bin ich .... und

    telefoniere mit meiner Familie.

3 Im Deutschkurs bin ich ....

4 Manchmal ist der Job sehr anstrengend. Aber Jasmin ist nie ....

3 **Was macht Anna *nie, manchmal, oft* oder *immer*? Ergänzen Sie.**
ماذا لا تفعل آنة أبداً؟ وماذا تفعل أحيانا / غالبا / دائماً؟ أكمل.

Montag	Dienstag	Mittwoch	Donnerstag	Freitag	Samstag	Sonntag
tanzen	tanzen		tanzen			tanzen
chatten	chatten	chatten	chatten	chatten	chatten	chatten
Fußball spielen	Englisch lernen	Englisch lernen			Fußball spielen	

● Anna tanzt *oft*. Sie spielt .... Fußball. Sie chattet ....

   Und sie lernt .... Englisch.

○ Und spielt sie manchmal Karten?

● Nein, sie spielt .... Karten.

4 **Was machen Sie *nie, manchmal, oft* oder *immer*?**
ماذا لا تفعل أبداً؟ وماذا تفعل أحيانا / غالبا / دائماً؟

Ich gehe oft ins Museum.

....

....

1 Wörter. Hören Sie.

كلمات. استمع.

Frau   **Toch** ter   **Sohn**   **Fa mi** li e

2 Hören Sie und markieren Sie den Wortakzent.

استمع ثم علم على النبر في الكلمة.

Mann | Mut ter | Va ter | Bru der | Schwes ter | El tern |
Ca fé | ge hen | Kar ten | spie len | tan zen | spa zie ren ge hen

3 Hören Sie noch einmal und wiederholen Sie. Klopfen Sie den Wortakzent.

استمع مرة أخرى ثم كرر. تعلم نبرة الجملة عن طريق النقر على الطاولة.

4 Sätze. Hören Sie.

جمل. استمع.

Tanzt du gern? | **Ja, gern.** | **Nein, nicht** so gern. | Am **Wo**chenende.

5 Hören Sie und markieren Sie den Satzakzent.

استمع ثم علم على النبر في الجملة.

Hast du Zeit? | Was machst du gern? | Spielst du gern Karten? |
Tanzt du gern? | Ich tanze gern. | Ich tanze nicht gern.

6 Hören Sie noch einmal und wiederholen Sie. Klopfen Sie den Satzakzent.

استمع مرة أخرى ثم كرر. تعلم نبرة الجملة عن طريق النقر على الطاولة.

7 Dialoge. Hören Sie und achten Sie auf die Satzmelodie. Fragen und antworten Sie.

حوارات. استمع وانتبه إلى موسيقى الجملة. اسأل وأجب.

Ich gehe gern ins Café. ↘
Und du? ↗ Was machst du gern? ↗

Ich …

A Kindergarten und Schule

1 Wohin geht mein Kind? Ordnen Sie zu.

أين يذهب طفلي؟ رتب.

Schule | Kinderkrippe | Universität | Kindergarten

Mein Kind geht …

in die ....

in den ....

1

2

3   in die ....

4   auf die ....

131

2 Hören Sie und wiederholen Sie.

استمع ثم كرر.

3 Wohin gehen Ihre Kinder? Sprechen Sie.

أين يذهب أطفالك؟ تحدث.

- Wohin geht dein Kind, Aly?
- ○ Mein Kind geht … / Meine Kinder gehen …

mein Mann
mein Kind
mein**e** Frau

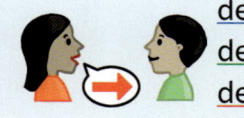

dein Mann
dein Kind
dein**e** Frau

TIPP 23

In Deutschland gibt es die Schulpflicht, das heißt, Kinder ab 6 Jahren müssen zur Schule gehen. Aber auch Kindergarten und Kinderkrippe sind wichtig, insbesondere fürs Deutschlernen und für soziale Kontakte. Im Kindergarten und in der Schule gibt es Elternabende. Bitte gehen Sie hin und machen Sie aktiv bei den Veranstaltungen mit.

الدراسة المدرسية إجبارية بألمانيا، أي أنه يجب على الأطفال من سن 6 سنوات الذهاب إلى المدرسة. إلا أن الحضانة لها أهميتها هي الأخرى وخاصة لدراسة اللغة الألمانية ولتوطيد العلاقات الإجتماعية. يعقد في المدارس والحضانات مقابلات وحفلات لتجمع أولياء الأمور يفضل الذهاب إليها والمشاركة في الحدث.

4 **Alinas Stundenplan. Hören Sie und ergänzen Sie.**

جدول الساعات لِـ ألينا. استمع ثم أكمل.

Stundenplan					
	Montag	Dienstag	Mittwoch	Donnerstag	Freitag
1. Stunde	Deutsch	Musik	Mathe	....	Sport
2. Stunde	Mathe	Deutsch	Deutsch	....	Mathe
Pause					
3. Stunde	Sport	Kunst	Religion / Ethik	....	Englisch

Alina (11)

5 **Lesen Sie Alinas Stundenplan und sprechen Sie.**

اقرأ جدول الساعات لِـ ألينا ثم تحدث.

- Was hat Alina am Montag?
- Sie hat …

6 **Hören Sie. Was ist das Problem?**

استمع. ما هي المشكلة؟

- [ ] Alina macht die Hausaufgaben nicht.
- [ ] Alina ist krank. Sie geht heute nicht in die Schule.

7 **Hören Sie 6 noch einmal. Ordnen Sie den Dialog.**

استمع إلى تدريب رقم 6 مرة أخرى. رتب الحوار.

- [ ] Alina hat Fieber. Sie kommt heute nicht.
- [ ] Guten Tag, Frau Ebadi.
- [ ] Danke. Gibt es heute Hausaufgaben?
- [ ] Hallo, hier ist Frau Ebadi, die Mutter von Alina.
- [ ] Oh, das tut mir leid. Gute Besserung!
- [ ] Meier, hallo?

8 **Hören Sie und wiederholen Sie.**

استمع ثم كرر.

9 **Wählen Sie eine Situation, schreiben Sie einen Dialog und spielen Sie.**

اختار موقف، اكتب حوار ثم العبه.

Situation 1: Sie sind heute krank und gehen nicht zum Deutschkurs.
Sie telefonieren mit dem Lehrer / mit der Lehrerin.

Situation 2: Ihr Kind ist krank und geht nicht in den Kindergarten.
Sie telefonieren mit dem Erzieher / der Erzieherin.

B Das kann ich gut.

1 **Was kennen Sie schon? Ordnen Sie zu und vergleichen Sie im Kurs.**

ماذا تعرف؟ رتب ثم قارن في الدورة الدراسية.

LKW fahren | Haare schneiden | nähen |
Kranke pflegen | Autos reparieren | programmieren

1

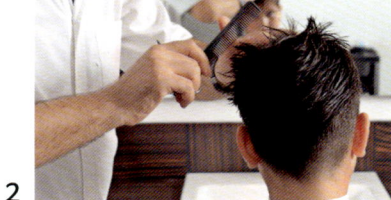
2

3

4

5

6

2 **Hören Sie und lesen Sie.**

استمع ثم اقرأ.

- Was kannst du gut, Zola?
○ Ich kann sehr gut programmieren.

> Ich **kann** sehr gut Haare **schneiden**.
> Du **kannst** gut LKW **fahren**.
> Er/Sie **kann** sehr gut **programmieren**.

3 **Zeigen Sie auf ein Foto und sprechen Sie wie in 2.**

أشر إلى صورة ثم تحدث كما في رقم 2.

4 **Und was können Sie gut? Sammeln Sie und benutzen Sie ein Wörterbuch.**

وماذا تعمل أنت جيداً؟
اجمع معلومات واستخدم القاموس.

Fremdsprachen sprechen — Das kann ich gut.

TIPP 24

Das Sprachniveau B2 ist für viele Berufe Voraussetzung. Erkundigen Sie sich im Jobcenter oder bei Ihrem Betreuer auch nach Kursen, die das BAMF im Rahmen der berufsbezogenen Sprachförderung durchführt.

المستوي اللغوي B2 شرط أساسي للحصول على أغلب الوظائف.
يمكنك الإستعلام من مكتب العمل أو من المسؤولين عن دورات اللغة
المقدمة من قبل المكتب الاتحادي للهجرة واللاجئين (BAMF).

5 Hören Sie Ali. Ergänzen Sie seinen Lebenslauf.

استمع إلى علي. قم بإكمال سيرته الذاتية.

136

Verkäufer | Universität | Taxifahrer

Lebenslauf

Persönliche Daten

Familienname   Mahfuz
Vorname   Ali

......

Berufserfahrung

20 ...... – 20 ...., REWE Stuttgart

20 ...... – 20 ......   Praktikum Mercedes Stuttgart

20 ...... – 20 ...., London

Schule und Studium

20 ...... – 20 ......   Studium Psychologie, ... Kairo

20 ...... – 20 ......   Grundschule und Gymnasium Kairo

---

6 Was kann Ali besonders gut? Hören Sie und ergänzen Sie.

ماذا يستطيع علي فعله بشكل جيد؟ استمع ثم أكمل.

137

Kenntnisse und Fähigkeiten

Fremdsprachen   ...ngl...sch, Fr...nz...s...sch, D...tsch

Computer   MS-Office

Hobbys   Sp...rt, M...s...k, K...ch...n

7 Schreiben Sie Ihren Lebenslauf wie in 5 und 6.

اكتب السيرة الذاتية لك كما في رقم 5 و6.

8 Hängen Sie Ihre Lebensläufe im Kursraum auf. Gehen Sie umher und vergleichen Sie.

علق السيرة الذاتية لك في قاعة الدراسة. تحرك ثم قارن.

● Ah, er hat in Kabul gearbeitet.
○ Und sie? Sie hat die Grundschule in Asmara besucht.

C Medien und Deutsch lernen

1 **Lesen Sie den Anfang der Mail. Wo ist Amina? Kreuzen Sie an.**

اقرأ البداية من البريد الإلكترونى. أين أمينة؟ ضع علامة.

> Hallo Sabia,
> wie geht's dir? Mir geht's gut. Ich sitze im Internet-Café. Wie immer! !
> Ich brauche für alles Computer, auch zum Deutschlernen.

☐ in der Bibliothek   ☐ im Internet-Café   ☐ zu Hause

 2 **Lesen Sie die ganze E-Mail. Markieren Sie neue Wörter und benutzen Sie ein Wörterbuch.**

اقرأ البريد الإلكترونى بالكامل. علم على الكلمات الجديدة، ثم ابحث عنها في القاموس.

An: sabia_114@gmx.de
Von: amina_power@yahoo.de

Betreff: Ich lerne Deutsch 🙂

Hallo Sabia,

wie geht's dir? Mir geht's gut. Ich sitze im Internet-Café. Wie immer 🙂! Ich brauche für alles Computer, auch zum Deutschlernen.

Deutsch lernen mit Medien, das ist cool! Ich surfe oft im Internet, aber ich höre auch gern Radio und Musik auf Deutsch. Auch Zeitschriften und Zeitungen sind super!

Klar, ich habe auch ein Facebook-Profil. Dort habe ich viele Kontakte, und ich chatte mit Freunden. Auf Deutsch!

Gestern habe ich ein Tablet gekauft. In der Bibliothek gibt es kostenlos deutsche Bücher für Smartphone oder Tablet. Ich lese viel, und mein Deutsch ist schon sehr gut!

Liebe Grüße aus Berlin

Deine Amina

P.S: Kennst du www.dw.com? Da kannst du leicht Deutsch lernen!

3 Lesen Sie noch einmal. Was ist falsch? Korrigieren Sie.

اقرأ مرة أخرى. ما هو الخطأ؟ قم بتصحيحه.

☐ Amina ist gerade in der Bibliothek.   im Internet-Café

☐ Amina surft nie im Internet.   ....

☐ Smartphones gibt es kostenlos in der Bibliothek.   ....

☐ Amina hat kein Facebook-Profil.   ....

☐ Amina hat einen Computer gekauft.   ....

☐ Aminas Deutsch ist sehr schlecht.   ....

4 Was benutzt Amina zum Deutschlernen? Schreiben Sie.

ماذا تستخدم أمينة لدراسة اللغة الألمانية؟ اكتب.

Computer,

5 Welche Medien nutzen Sie? Wofür? Sammeln Sie.

أى وسائط إعلامية تستخدمها؟ ولأي غرض؟ اجمع المعلومات.

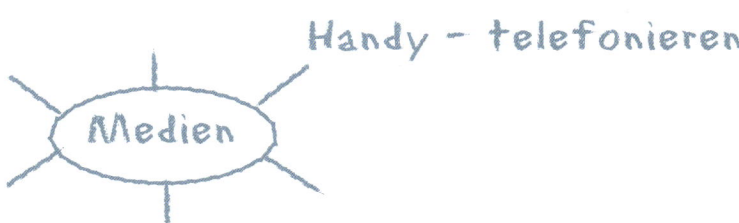

Handy – telefonieren

Medien

TIPP 25

In Deutschland herrscht Meinungs- und Pressefreiheit. Das bedeutet, dass Sie alles sagen und schreiben dürfen, solange Sie niemanden beleidigen oder seine Persönlichkeitsrechte verletzen. Radio und Fernsehen sind nicht kostenlos. Alle müssen einen Rundfunkbeitrag bezahlen. Nur Asylbewerber, Studenten und Sozialhilfeempfänger sind davon befreit. Sie müssen aber ein Formular ausfüllen und eine Befreiung beantragen.

يسود في ألمانيا حرية التعبير وحرية الإعلام، وهذا يعني أنه من حق الجميع أن يقول أو يكتب ما يريده طالما لم يسيء لأحد أو يعتدى على الحقوق الشخصية. يجب دفع رسوم البث المباشر للتلفاز والراديو فهما ليسا بالمجان، ما عدا اللاجئين والطلاب والحاصلين على المساعدات الإجتماعية، فهم فئة معفاه من هذه الرسوم، إلا أنه يجب ملء إستمارة خاصة وتقديم طلب للحصول علي هذا الإعفاء.

6 Bilden Sie eine Lerngruppe und schicken Sie sich mit Ihrem Handy Tipps zum Deutschlernen.

شكل مجموعة دراسية ثم أرسل بهاتفك المحمول نصائح لتعلم اللغة الألمانية.

Omar: Ich surfe gerne im Internet :)

Leyla: Ich lese gerne.

1 Sehen Sie die Bilder an und hören Sie.

انظر للصور واستمع.

2 Schreiben Sie die Wörter (mit Artikel).

اكتب الكلمات (بالبداية اللغوية الصحيحة).

3 Hören Sie noch einmal und wiederholen Sie.

استمع مرة أخرى ثم كرر.

Kinderkrippe

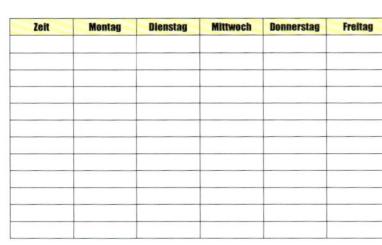
Stundenplan

Hausaufgabe

Autos reparieren

Haare schneiden

Kranke pflegen

LKW fahren

programmieren

nähen

Taxifahrer

Taxifahrerin

Radio

Computer

Internet

Bibliothek

Zeitschrift

Zeitung

Musik

Medien

Tablet

Training A

1 **Ordnen Sie zu und schreiben Sie.**

رتب ثم اكتب.

auf die Universität | in die Schule | in den Kindergarten | in die Kinderkrippe

....

2 **Was passt nicht? Streichen Sie durch.**

ماذا لا يناسب؟ اشطب.

Deutsch	Musik	Religion	Party
Kindergarten	Wohnung	Schule	Universität
Lehrer	Mann	Kind	Frau
Stundenplan	Supermarkt	Pause	Hausaufgaben

3 **Ergänzen Sie *mein-* oder *dein-*.**

أكمل بالكلمة المناسبة.

● Das ist (1) meine Familie. Rechts ist (2) .... Vater und links ist

(3) .... Mutter. Vorne sind (4) .... Kinder und (5) .... Mann.

Und (6) .... Familie?

○ (7) .... Familie ist klein. Das hier ist (8) .... Frau.

● Und ist das (9) .... Bruder?

○ Ja, das ist (10) .... Bruder.

4 **Ordnen Sie den Dialog und schreiben Sie.**

رتب الحوار ثم اكتب.

Hallo, hier ist Frau Ebadi, die Mutter von Alina. | Oh, das tut mir leid. Gute Besserung! |
Guten Tag, Frau Ebadi. | Alina hat Fieber. Sie kommt heute nicht. |
Danke. Gibt es heute Hausaufgaben?

● Hallo, hier ist Frau Ebadi, die Mutter von Alina.
....

○ ....

● ....

○ ....

● ....

1 **Schreiben Sie.**

اكتب.

1  Haare schneiden   2  ....

3 ....   4 ....

5 ....   6 ....

2 **Ergänzen Sie.**

أكمل الآتي.

können

ich	....	LKW fahren	wir	können	tanzen
du	....	Haare schneiden	ihr	könnt	Karten spielen
er / sie	....	programmieren	sie / Sie	....	nähen

3 **Ergänzen Sie *können* in der richtigen Form.**

أكمل فعل (nnen ﺗ) في الصيغة الصحيحة.

Johannes auf Facebook:

Ich (1) .... gut Englisch und Französisch, und ich (2) .... auch

sehr gut Software programmieren. Meine Freundin Eliza (3) .... super

tanzen und Auto fahren. Mein Vater und meine Mutter sind Lehrer. Meine Mutter

(4) .... auch sehr gut nähen. Und was (5) .... ihr gut?

Johannes, du (6) .... gut Englisch sprechen? 😜 Hahaha! 😂😂

4 **Ordnen Sie zu.**

رتب الآتى.

Persönliche Daten | Schule und Studium | Kenntnisse und Fähigkeiten | Berufserfahrung

Persönliche Daten			
Familienname	Praktikum VW	Gymnasium	Arabisch
Vorname	Taxifahrer in Berlin	Universität	MS-Office

Training C

1 **Verbinden Sie.**

صل الآتي.

1 Ich sitze
2 Ich höre
3 Gestern habe ich
4 Mein Deutsch
5 Liebe Grüße

a aus Berlin.
b ist schon sehr gut.
c im Internet-Café.
d Radio und Musik auf Deutsch.
e ein Tablet gekauft.

2 **Ergänzen Sie.**

أكمل الآتي.

Grüße | Deine | Hallo

An: sabia_114@gmx.de
Von: amina_power@yahoo.de

Betreff: Ich lerne Deutsch .

.... Sabia,

wie geht's dir? Mir geht's gut.
…

Liebe .... aus Berlin,

.... Amina

P.S: Kennst du www.dw.com? Da kannst du leicht Deutsch lernen!

3 **Ergänzen Sie und schreiben Sie richtig.**

أكمل واكتب بشكل صحيح.

1 Radio   hören   (hröne)

2 im Internet   ....   (srfuen)

3 Deutsch   ....   (lenern)

4 Bücher   ....   (lense)

5 Software   ....   (praomgrmieren)

6 Facebook   ....   (chaettn)

1 **Wörter. Hören Sie.**
139

كلمات. استمع.

Be ruf   **Le** bens lauf   **Prak** ti kum

2 **Hören Sie und markieren Sie den Wortakzent.**
140

استمع ثم علم على النبر في الكلمة.

Au to | Zei tung | Ra dio | Com pu ter | In ter net | Bib lio thek |
näh en | fah ren | re pa rie ren | pfle gen | pro gram mie ren

3 **Hören Sie noch einmal und wiederholen Sie. Klopfen Sie den Wortakzent.**
140

استمع مرة أخرى ثم كرر. تعلم نبرة الجملة عن طريق النقر على الطاولة.

4 **Sätze. Hören Sie.**
141

جمل. استمع.

Wo arbeitest du?   **In der Bibliothek.**   **Im Internet-Café.**

5 **Hören Sie und markieren Sie den Satzakzent.**
142

استمع ثم علم على النبر في الجملة.

Was kannst du gut? | Ich kann programmieren. | Ich kann gut Auto fahren. |
Ich kann super nähen. | Ich kann Kranke pflegen.

6 **Hören Sie noch einmal und wiederholen Sie. Klopfen Sie den Satzakzent.**
142

استمع مرة أخرى ثم كرر. تعلم نبرة الجملة عن طريق النقر على الطاولة.

7 **Dialoge. Hören Sie und achten Sie auf die Satzmelodie. Fragen und antworten Sie.**
143

حوارات. استمع وانتبه إلى موسيقى الجملة. اسأل وأجب.

Ich kann gut Englisch sprechen. ↘
Was kannst **du** gut? →

Ich kann … ↘
Und du? ↗

Nomen und Artikel (der, das, die)

<u>der, ein, mein</u>	Mann, Stift
<u>das, ein, mein</u>	Kind, Handy
<u>die, eine, mein</u>e	Frau, Uhr
<u>die, -, mein</u>e	Kinder, Bücher

Geradeaus, dann links.

Entschuldigung, wo ist hier **ein** Supermarkt?

Ah, hier ist **der** Supermarkt!

Nominativ

Das ist <u>der/ein</u> Fisch.
Das ist <u>das/ein</u> Brot.
Das ist <u>die/eine</u> Flasche Milch.
Das sind <u>die/-</u> Äpfel.

Akkusativ

Ich kaufe <u>den/ein**en**</u> Fisch.
Ich kaufe <u>das/ein</u> Brot.
Ich kaufe <u>die/eine</u> Flasche Milch.
Ich kaufe <u>die/-</u> Äpfel.

Pronomen (er, es, sie)

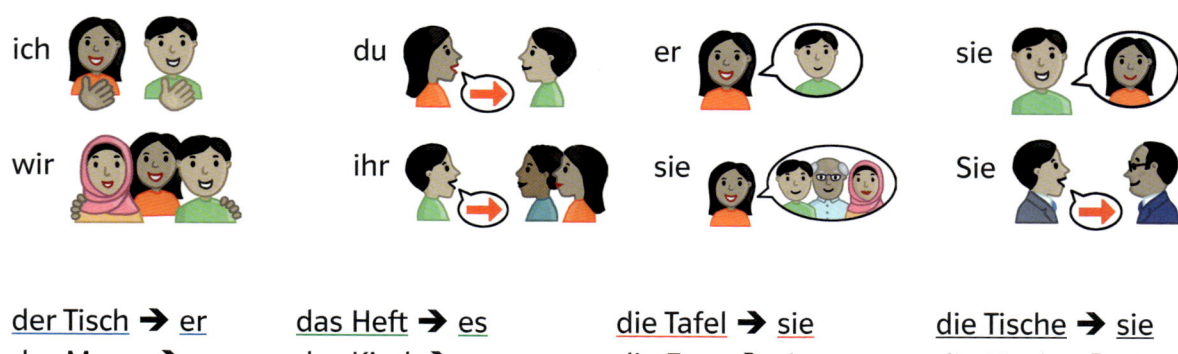

ich   du   er   sie

wir   ihr   sie   Sie

<u>der Tisch</u> ➜ <u>er</u>	<u>das Heft</u> ➜ <u>es</u>	<u>die Tafel</u> ➜ <u>sie</u>	<u>die Tische</u> ➜ <u>sie</u>
<u>der Mann</u> ➜ <u>er</u>	<u>das Kind</u> ➜ <u>es</u>	<u>die Frau</u> ➜ <u>sie</u>	<u>die Kinder</u> ➜ <u>sie</u>

Verben (ich wohne)

	wohnen	arbeiten	essen	aufstehen	sein	haben
ich	wohn**e**	arbeit**e**	ess**e**	steh**e** auf	**bin**	hab**e**
du	wohn**st**	arbeit**est**	**isst**	steh**st** auf	**bist**	**hast**
er, es, sie	wohn**t**	arbeit**et**	**isst**	steh**t** auf	**ist**	**hat**
wir	wohn**en**	arbeit**en**	ess**en**	steh**en** auf	**sind**	hab**en**
ihr	wohn**t**	arbeit**et**	ess**t**	steh**t** auf	**seid**	hab**t**
sie / Sie	wohn**en**	arbeit**en**	ess**en**	steh**en** auf	**sind**	hab**en**

heute
Ich lerne.
Ich arbeite.
Ich studiere.
Ich bin in Berlin.

gestern
Ich **habe** **gelernt**.
Ich **habe** **gearbeitet**.
Ich **habe** **studiert**.
Ich **war** in München.

W-Fragen und Antworten

Wie **heißt** du?
Woher **kommst** du?
Wo **wohnst** du?
Welche Sprachen **sprichst** du?
Wann **bist** du geboren?
Was **bist** du von Beruf?

Ich **heiße** Ahmed.
Ich **komme** aus Syrien.
Ich **wohne** in Köln.
Ich **spreche** Arabisch und Englisch.
Ich **bin** am 23. Januar 1986 geboren.
Ich **bin** Ingenieur von Beruf.

Ja/Nein-Fragen und Antworten

Bist du ledig?
Kommst du aus Berlin?
Sprichst du Französisch?

Ja. / Nein, ich **bin** verheiratet.
Ja. / Nein, ich **komme** aus Damaskus.
Ja. / Nein, ich **spreche** Englisch.

Verb im Satz

Ich	**komme**		aus Deutschland.
Woher	**kommst**	du?	
	Kommst	du	aus Berlin?
Ich	**schlafe**		viel.
	Schlafen	Sie	viel!

Schlafen Sie viel!

Lektion 1

A1	das Alphabet	الحروف الأبجدية
A1	Herzlich willkommen!	أهلاً وسهلاً!
A3	ich	أنا
A3	Sie	حضرتك
A3	heißen	يُسمّى
A3	Wie heißen Sie?	ما اسمك؟
A3	Ich heiße…	أنا اسمى …
A3	und	و
A8	Wie bitte?	عذراً؟، ماذا قلت؟
A8	hallo	مرحبا
B1	Ich bin…	أنا …
B1	Meine Name ist…	أنا اسمى …
B1	der Familienname, die Familiennamen	اسم العائلة، أسماء العائلة
B1	der Vorname, die Vornamen	الإسم الأول، الأسماء الأوائل
B6	nein	لا
C1	Wie geht's?	كيف الحال؟
C1	Guten Abend.	مساء الخير.
C1	Guten Tag.	طاب يومك، نهارك سعيد.
C1	Guten Morgen.	صباح الخير.
C1	Gute Nacht.	تصبح على خير.
C4	du	أنت
C4	Wie heißt du?	ما اسمك؟
C4	Und wer bist du?	ومن أنت؟
C4	Wer sind Sie?	من حضرتك؟
C5	Herr Alawi	السيد علاوي
C5	Frau Müller	السيدة مولر
C7	Wie geht es Ihnen?	كيف حال حضرتك؟
C7	danke	شكراً
C7	gut	جيد
C7	sehr gut	جيد جداً
C7	auch	أيضاً
C7	Auf Wiedersehen.	إلى اللقاء.
C7	Tschüs.	وداعا.

Lektion 2

A1	Woher kommst du?	من أين أنت؟
A1	Woher kommen Sie?	من أين تأتى حضرتك؟
A1	kommen aus …	آتى من …
A1	aus (aus Syrien, aus dem Sudan, …)	من (من سوريا، من السودان، …)
A1	Syrien	سوريا
A1	(der) Sudan	السودان
A2	das Land, die Länder	البلد، البلدان
A2	die Stadt, die Städte	المدينة، المدن
A2	Deutschland	ألمانيا

A2	Österreich	النمسا
A2	Nigeria	نيجيريا
A2	Ägypten	مصر
A2	Iran	إيران
A2	Irak	العراق
BW	Eritrea	إريتريا
A2	(die) Schweiz	سويسرا
A2	(die) Türkei	تركيا
A6	Das ist…	هذا (يكون) …
A6	er	هو
	sie	هي
B1	die Sprache, die Sprachen	اللغة، اللغات
B1	sprechen, er / sie spricht	تحدث، هو يتحدث / هي تتحدث
B1	Deutsch	ألماني
B1	Englisch	إنجليزي
B1	Französisch	فرنسى
B1	Arabisch	عربى
B1	Kurdisch	كردى
B1	Farsi	فارسى
B1	Tigrinisch	تيجرينى
BW	Italienisch	إيطالى
BW	Türkisch	تركى
B3	Welche Sprache(n) sprichst du?	ما هي اللغة (اللغات) التى تتحدثها؟
B3	Welche Sprache(n) sprechen Sie?	ما هي اللغة (اللغات) التى تتحدثها حضرتك؟
B3	ein bisschen	قليلاً
B6	Das sind…	هؤلاء هم …
B6	sie (Plural)	أنتم، أنتن
B6	in (in Deutschland, in Berlin, …)	في (في ألمانيا، في برلين، …)
C1	eins	واحد
C1	zwei	اثنان
C1	drei	ثلاثة
C1	vier	أربعة
C1	fünf	خمسة
C1	sechs	ستة
C1	sieben	سبعة
C1	acht	ثمانية
C1	neun	تسعة
C2	null	صفر
C2	zehn	عشرة
C2	elf	أحد عشر
C2	zwölf	اثنا عشر
C2	dreizehn	ثلاثة عشر
C2	vierzehn	أربعة عشر
C2	fünfzehn	خمسة عشر
C2	sechszehn	ستة عشر

C2	siebzehn	سبعة عشر		B4	neu	جديد
C2	achtzehn	ثمانية عشر		B4	hell	فاتح ؛ منور
C2	neunzehn	تسعة عشر		B4	dunkel	غامق ؛ معتم
C2	zwanzig	عشرون		B4	groß	كبير
C6	Hast du ein Handy?	هل عندك هاتف محمول؟		B4	klein	صغير
C6	Haben Sie ein Handy?	هل عند حضرتك هاتف محمول؟		B4	schön	جميل
				B4	hässlich	قبيح
C8	die Vorwahl, die Vorwahlen	كود المدينة / الدولة، أكواد		B5	Er / Es / Sie ist neu.	هو جديد / هي جديدة.
C8	Wie ist die Nummer?	ما هو الرقم؟		C1	Wo wohnst du?	أين تسكن؟
C8	ja	نعم		C1	einundzwanzig	واحد وعشرون
C9	die Handynummer, die Handynummern	رقم الهاتف المحمول، أرقام الهاتف المحمول		C1	dreiundzwanzig	ثلاثة وعشرون
				C1	fünfundzwanzig	خمسة وعشرون
				C2	zwanzig	عشرون
	Lektion 3			C2	zweiundzwanzig	إثنان وعشرون
A1	im Kursraum	في قاعة الدراسة		C2	vierundzwanzig	أربعة وعشرون
A1	der Tisch, die Tische	الطاولة، الطاولات		C2	sechsundzwanzig	ستة وعشرون
A1	der Stuhl, die Stühle	المقعد، المقاعد		C2	siebenundzwanzig	سبعة وعشرون
A1	die Tafel, die Tafeln	السبورة، السبورات		C2	achtundzwanzig	ثمانية وعشرون
A1	das Fenster, die Fenster	النافذة، النوافذ		C2	neunundzwanzig	تسعة وعشرون
A1	das Heft, die Hefte	الدفتر، الدفاتر		C2	dreißig	ثلاثون
A1	das Handy, die Handys	الهاتف المحمول، الهواتف المحمولة		C2	vierzig	أربعون
				C2	fünfzig	خمسون
A1	die Tür, die Türen	الباب، الأبواب		C2	sechzig	ستون
A1	das Buch, die Bücher	الكتاب، الكتب		C2	siebzig	سبعون
A1	die Uhr, die Uhren	الساعة، الساعات		C2	achtzig	ثمانون
A1	der Stift, die Stifte	القلم، الأقلام		C2	neunzig	تسعون
A1	der Mülleimer, die Mülleimer	سلة القمامة، سلال القمامة		C2	(ein)hundert	مائة
				C5	wohnen	يسكن
A1	der Schwamm, die Schwämme	الليفة، الليف / الاسفنجة، الاسفنج			wir	نحن
				C5	ihr	أنتم، أنتن
A7	Wie heißt das auf Deutsch?	ماذا يسمى هذا باللغة الألمانية؟		C5	Wo wohnen Sie?	أين تسكن حضرتك؟
				C9	die Straße, die Straßen	الشارع، الشوارع
A7	okay (= ok)	حسنا		C9	die Postleitzahl, die Postleitzahlen	الرقم البريدي، الأرقام البريدية
B1	das Wohnzimmer, die Wohnzimmer	غرفة المعيشة، غرف المعيشة		C9	die Hausnummer, die Hausnummern	رقم البيت، أرقام البيت
B1	das Schlafzimmer, die Schlafzimmer	غرفة النوم، غرف النوم		C9	die Telefonnummer, die Telefonnummern	رقم الهاتف، أرقام الهاتف
B1	das Bad, die Bäder	الحمام، الحمامات		C9	die E-Mail-Adresse, die E-Mail-Adressen	عنوان البريد الإلكترونى، عناوين
B1	die Küche, die Küchen	المطبخ، المطابخ				
B1	der Balkon, die Balkone	الشرفة، الشرفات		C9	„ätt" (= @)	آت
B1	der Aufzug, die Aufzüge	المصعد، المصاعد		C9	der Punkt, die Punkte (= .)	النقطة، النقاط
B1	die Treppe, die Treppen	السلم، السلالم / الدرج، الأدراج				
B1	das Kinderzimmer, die Kinderzimmer	غرفة الأطفال، غرف الأطفال			**Lektion 4**	
				A1	Wie alt bist du?	كم تبلغ من العمر؟
B1	die Toilette, die Toiletten	المرحاض، المراحيض		A1	Januar	يناير
B1	der Flur, die Flure	الممر، الممرات		A1	Februar	فبراير
B3	Was ist…?	ما هذا…؟		A1	März	مارس
B4	alt	قديم		A1	April	أبريل

A1	Mai	مايو
A1	Juni	يونيو
A1	Juli	يوليو
A1	August	أغسطس
A1	September	سبتمبر
A1	Oktober	أكتوبر
A1	November	نوفمبر
A1	Dezember	ديسمبر
A1	der Monat, die Monate	الشهر، الأشهر
A1	die Jahreszeiten	المواسم
A1	der Frühling	الربيع
A1	der Sommer	الصيف
A1	der Herbst	الخريف
A1	der Winter	الشتاء
A2	Wann?	متى؟
A2	Wann sind Sie geboren?	متى ولدت حضرتك؟
A2	Wann bist du geboren?	متى ولدت؟
A2	Ich bin am … geboren.	أنا ولدت في … .
A3	am ersten, am zweiten, am dritten, …	اليوم الأول، اليوم الثانى، اليوم الثالث، …
A5	neunzehnhundertzweiundneunzig= 1992	ألف وتسعمائة واثنان وتسعون
A5	zweitausendeins = 2001	ألفين وواحد
A6	der Tag, die Tage	اليوم، الأيام
A6	das Jahr, die Jahre	السنة، السنوات
A8	Wie alt sind Sie?	كم تبلغ حضرتك من العمر؟
A8	Ich bin … Jahre alt.	أنا عندى … سنة / سنوات.
B1	das Geburtsdatum, die Geburtsdaten	عيد الميلاد، أعياد الميلاد
B1	der Geburtsort, die Geburtsorte	محل الميلاد، محال
B1	die Staatsangehörigkeit, die Staatsangehörigkeiten	الجنسية، الجنسيات
B1	die Religion, die Religionen	الديانة، الديانات
B1	katholisch	كاثوليكي
B1	evangelisch	بروتستانتي
B1	muslimisch	مسلم، مسلمة، اسلامي
B1	keine (Religion)	لا (ديانة)
B1	die Passnummer, die Passnummern	رقم الجواز، أرقام الجوازات
B1	gültig bis	صالح إلى
B1	das Geschlecht (hier nur Sg.)	الجنس
B1	männlich	مذكر؛ ذكر
B1	weiblich	مؤنث، أنثى
B1	der Familienstand	الحالة الاجتماعية
B1	ledig	عازب
B1	verheiratet	متزوج
B1	geschieden	مطلق
B1	das Kind, die Kinder	الطفل، الأطفال
B1	der Ort, die Orte	المكان، الأماكن
B1	das Datum, die Daten	التاريخ، التواريخ
B1	die Unterschrift, die Unterschriften	التوقيع، التوقيعات
B2	das Formular, die Formulare	الإستمارة، الإستمارات
B2	hier	هنا
B2	bitte	من فضلك
B2	Und hier bitte unterschreiben!	وهنا من فضلك وقع!
B3	auf (Englisch / Arabisch / …)	(… / بالإنجليزية / بالعربية)
B3	Das heißt…	هذا يعنى …
B6	Ich habe … Kinder.	أنا عندى … أطفال.
C1	Was bist du von Beruf?	ما هي وظيفتك؟
C1	der Krankenpfleger, die Krankenpfleger	الممرض، الممرضون
C1	die Krankenpflegerin, die Krankenpflegerinnen	الممرضة، الممرضات
C1	der Verkäufer, die Verkäufer	البائع، البائعون
C1	die Verkäuferin, die Verkäuferinnen	البائعة، البائعات
C1	der Erzieher, die Erzieher	المربي، المربيون
C1	die Erzieherin, die Erzieherinnen	المربية، المربيات
C2	die Hausfrau, die Hausfrauen	ربة البيت، ربات البيوت
C1	der Hausmann, die Hausmänner	رجل البيت، رجال البيوت
C1	der Lehrer, die Lehrer	المعلم، المعلمون
C1	die Lehrerin, die Lehrerinnen	المعلمة، المعلمات
C1	zu Hause	في البيت
C1	im Krankenhaus	في المستشفي
C1	im Kindergarten	في الحضانة
C1	im Supermarkt	في السوبر ماركت
C1	in der Schule	في المدرسة
C2	Was sind Sie von Beruf?	ما هي وظيفة حضرتك؟
C3	arbeiten	يعمل
C6	Ich bin … von Beruf.	أنا وظيفتى … . / أنا أعمل كـ … .
C6	sehr gern	بكل سرور
C6	lustig	مرح، فكاهي
C6	der Kollege, die Kollegen	الزميل، الزملاء
C6	die Kollegin, die Kolleginnen	الزميلة، الزميلات
C6	nett	لطيف
C6	super	رائع

C6	anstrengend	مُجهد
C9	der Job, die Jobs	الوظيفة، الوظائف

Lektion 5

A1	der Körper, die Körper	الجسد، الأجساد
A1	das Auge, die Augen	العين، العيون
A1	der Kopf, die Köpfe	الرأس، الرؤوس
A1	das Ohr, die Ohren	الأذن، الآذان
A1	das Herz, die Herzen	القلب، القلوب
A1	der Mund, die Münder	الفم، الأفمام
A1	der Zahn, die Zähne	السن، الأسنان
A1	die Nase, die Nasen	الأنف، الأنوف
A1	der Arm, die Arme	الذراع، الأذرع
A1	der Finger, die Finger	الأصبع، الأصابع
A1	der Bauch, die Bäuche	البطن، البطون
A1	der Rücken, die Rücken	الظهر، الأظهُر
A1	die Hand, die Hände	اليد، الأيدي
A1	das Bein, die Beine	الفخذ، الأفخاذ
A1	der Fuß, die Füße	القدم، الأقدام
A5	vorne	في الأمام
A5	hinten	في الخلف
B1	beim Arzt	عند الطبيب
B1	das Fieber (nur Sg.)	الحرارة، الحمى
B1	der Husten (nur Sg.)	السعال، الكحة
B1	der Schnupfen (nur Sg.)	العطس، الزكام
B1	die Bauchschmerzen (Pl.)	ألم بالبطن، مغص
B1	der Zahnschmerz, die Zahnschmerzen	ألم بالأسنان، آلام بالأسنان
B1	der Kopfschmerz, die Kopfschmerzen	ألم بالرأس، آلام بالرأس / صداع
B3	Was haben Sie?	ماذا تملك حضرتك؟ / ماذا لدى حضرتك؟
B4	Was hast du?	ماذا تملك؟ / ماذا لديك؟
B4	Ich habe Husten / Fieber / Kopfschmerzen / …	أنا عندي سعال / حمى / صداع / …
B6	Was kann ich für Sie tun?	ماذا يمكنني أن أفعل لحضرتك؟
B6	krank	مريض
B6	Mir tut alles weh.	عندي وجع عام.
B6	viel	كثير
B6	wenig	قليل
B6	schlafen, er / sie schläft	ينام، هو ينام / هي تنام
B6	trinken	يشرب
B6	essen, er / sie isst	يأكل، هو يأكل / هي تأكل
B8	der Tee	الشاي
B8	der Honig	العسل
C1	die Apotheke, die Apotheken	الصيدلية، الصيدليات
C1	die Drogerie, die Drogerien	الصيدلية، الصيدليات

C1	das Waschmittel, die Waschmittel	مادة تنظيف، مواد التنظيف، المنظفات
C1	der Hustensaft, die Hustensäfte	شراب السعال، أشربة السعال
C1	das Zäpfchen, die Zäpfchen	اللبوس، التحميلة
C1	die Tablette, die Tabletten	قرص الدواء، أقراص الدواء
C1	die Windel, die Windeln	حفاضة، حفاضات
C1	das Spülmittel, die Spülmittel	سائل غسل الصحون، سوائل غسل الصحون
C1	das Nasenspray, die Nasensprays	بخاخ للأنف، بخاخات للأنف
C1	die Zahncreme, die Zahncremes	كريم للأسنان، كريمات للأسنان
C1	das Antibiotikum, die Antibiotika	مضاد حيوي، مضادات حيوية
C1	das Pflaster, die Pflaster	شريط لاصق، أشرطة لاصقة
C1	der Babybrei, die Babybreie	غذاء الطفل، غذاء الأطفال
C1	das Shampoo, die Shampoos	الشامبو، الشامبوهات
C3	Nehmen Sie…	تفضل حضرتك خذ …
C3	der Löffel, die Löffel	الملعقة، الملاعق
C3	pro Tag	في اليوم، يوميا
C3	brauchen	يحتاج
C3	für	من أجل / لـ
C3	das Rezept, die Rezepte	روشتة علاجية، روشتات
C3	(Es) tut mir leid.	هذا يؤسفني. / آسف.
C3	zuerst	أولاً
C5	Wo finde ich…?	كيف أجد …؟ / أين أجد …؟
C5	finden	يجد، يعثر على
C6	Entschuldigen Sie, …?	معذرة، …؟
C5	rechts	يميناً / على اليمين
C5	links	يساراً / على اليسار

Lektion 6

A1	die Butter (nur Sg.)	الزبد
A1	das Fleisch (nur Sg.)	اللحم
A1	das Brot, die Brote	الخبز، الخبائز / المخبوزات
A1	das Wasser (nur Sg.)	الماء
A1	das Gemüse (nur Sg.)	الخضروات
A1	der Käse (nur Sg.)	الجبن
A1	der Fisch (hier nur Sg.)	السمك
A1	die Nudeln (hier nur Pl.)	المعكرونة
A1	der Kaffee (hier nur Sg.)	القهوة
A1	das Obst (nur Sg.)	الفاكهة

A1	der Joghurt, die Joghurts	الزبادي
A1	das Ei, die Eier	البيضة، البيض
A1	der Reis (nur Sg.)	الأرز
A1	die Nuss, die Nüsse	المكسرات
A1	die Milch (nur Sg.)	اللبن
A1	die Kartoffel, die Kartoffeln	البطاطا
A1	der Saft (hier nur Sg.)	العصير
A3	etw. gern essen	يحب أكل شيء
A4	die Tomate, die Tomaten	الطماطم
A4	das Hühnerfleisch (nur Sg.)	لحم الدجاج
A4	das Lammfleisch (nur Sg.)	لحم الحمل
A7	aber	لكن، ولكن
B1	der Euro	اليورو
B1	der Cent	سينت
B1	der Liter (l), die Liter	اللتر، اللترات
B1	die Flasche, die Flaschen	الزجاجة، الزجاجات
B1	die Dose, die Dosen	العلبة، العلب
B1	das Kilo (kg)	الكيلو
B1	das Gramm (g)	الجرام
B1	die Wurst (hier nur Sg.)	السجق، النقانق
B1	das Brötchen, die Brötchen	الخبز الصغير
B1	der Apfel, die Äpfel	التفاحة، التفاح
B1	das Glas, die Gläser	الكوب، الأكواب
B1	die Marmelade, die Marmeladen	المربى، المربات
B1	der Zucker (nur Sg.)	السكر
B1	die Packung, die Packungen	الحزمة، الحزم / اللفة، العلبة
B3	kosten	يتكلف / ثمنه
B3	Was kostet… / Was kosten…?	كم يتكلف هذا؟ / بكم هذا؟
B3	teuer	غالٍ / غالية
B3	billig	رخيص
B5	Sonst noch etwas?	هل هناك شيء آخر؟
B5	dann	ثم، بعد ذلك ؛ إذاً
B5	nehmen, er / sie nimmt	يأخذ
B8	vielleicht	ربما / ممكن / محتمل
B10	der Alkohol (nur Sg.)	الكحول
B10	das Schweinefleisch (nur Sg.)	لحم الخنزير
C1	Guten Appetit!	شهية طيبة! هنيئًا!
C2	das Hackfleisch (nur Sg.)	لحم مفروم
C2	der Pfeffer (nur Sg.)	الفلفل
C2	das Toastbrot, die Toastbrote	خبز التوست
C2	die Zwiebel, die Zwiebeln	البصلة، البصل
C2	das Chilipulver (nur Sg.)	مسحوق الفلفل الحار
C2	das Olivenöl (hier nur Sg.)	زيت الزيتون
C2	das Fladenbrot, die Fladenbrote	خبز الفلادن
C2	der Salat, die Salate	السلاطة، السلاطات
C2	der Knoblauch (nur Sg.)	الثوم
C2	das Paprikapulver (nur Sg.)	مسحوق الفلفل
C2	das Salz (hier nur Sg.)	الملح
C3	das Bund Petersilie (Sg.)	حزمة البقدونس
C4	das Besteck, die Bestecke	أداة المائدة، أدوات المائدة
C4	der Teller, die Teller	الطبق، الأطباق
C5	kaufen	يشتري
C5	bringen	يحضر، يجلب

Lektion 7

A1	Wie spät ist es?	كم الساعة؟
A1	Es ist …	الساعة …
A1	halb	نصف
A1	Viertel	ربع
A1	vor	قبل
A1	nach	بعد
A4	Entschuldigung!	معذرة / عذرا
B2	anfangen, er / sie fängt an	يبدأ، هو يبدأ / هي تبدأ
B2	aufhören, er / sie hört auf	يتوقف، هو يتوقف / هي تتوقف
B2	der Kurs, die Kurse	الدورة الدراسية، الدورات الدراسية
B2	der Raum, die Räume	الغرفة، الغرف
B4	fernsehen, er / sie sieht fern	يشاهد التلفاز، هو يشاهد / هي تشاهد
B4	aufstehen, er / sie steht auf	ينهض، هو ينهض / هي تنهض
B4	Pause machen	يستريح، يأخذ استراحة
B4	(Deutsch) lernen	يتعلم (الألمانية)
B4	frühstücken	يتناول زجبة الفطور
B4	einkaufen, er / sie kauft ein	يشتري، اشتر
B4	(eine Freundin) besuchen	يزور (صديقة)
B4	um … Uhr	في الساعة …
B4	Musik hören	يسمع الموسيقى
B4	morgens	في الصباح
B4	mittags	وقت الظهيرة
B4	vormittags	قبل الظهيرة
B4	nachmittags	بعد الظهيرة
B4	abends	في المساء
BW	nachts	في الليل
C1	Montag	الإثنين
C1	Dienstag	الثلاثاء
C1	Mittwoch	الأربعاء
C1	Donnerstag	الخميس
C1	Freitag	الجمعة
C1	Samstag	السبت
C1	Sonntag	الأحد
C3	heute	اليوم

Code	Deutsch	العربية
C3	morgen	الغد
C3	gestern	الأمس
C3	war (sein)	كان (فعل: يكون)
C4	Welcher Tag ist heute / morgen?	ماذا يكون اليوم / غدا؟
C6	die Schule besuchen	يذهب إلى المدرسة
C6	die Schule, die Schulen	المدرسة، المدارس
C6	dort	هناك
C6	die Universität, die Universitäten	الجامعة، الجامعات
C6	studieren	يدرس
C6	der Beruf, die Berufe	المهنة، الوظيفة
C6	der Ingenieur, die Ingenieure	المهندس، المهندسون
C6	die Ingenieurin, die Ingenieurinnen	المهندسة، المهندسات
C6	die Fremdsprache, die Fremdsprachen	اللغة الأجنبية، اللغات الأجنبية

Lektion 8

Code	Deutsch	العربية
A1	der Bus, die Busse	الحافلة، الحافلات
A1	die Bahn, die Bahnen	القطار، القطارات
A1	die U-Bahn, die U-Bahnen	مترو الأنفاق
A1	das Taxi, die Taxis	سيارة الأجرة، سيارات الأجرة
A1	das Fahrrad, die Fahrräder	الدراجة، الدراجات
A1	der Zug, die Züge	القطار، القطارات
A1	die Straßenbahn, die Straßenbahnen	الترام، الترامات
A1	der Deutschkurs, die Deutschkurse	دورة تعلم اللغة الألمانية، دورات
A1	das Jobcenter	مركز العمل والتوظيف
A1	mit	مع ؛ بـ
A1	zu Fuß	سيرا على الأقدام
A4	Wie komme ich zum / zur …?	كيف أصل إلى …؟
A4	fahren, er / sie fährt	يركب، يسافر، هو يسافر / هي تسافر
A4	Noch einmal bitte.	مرة أخري من فضلك.
B1	in der Stadt	في المدينة
B1	das Rathaus, die Rathäuser	مبني البلدية، مباني البلدية
B1	der Bahnhof, die Bahnhöfe	محطة القطار، محطات القطار
B1	die Bushaltestelle, die Bushaltestellen	محطة الحافلة، محطات الحافلات
B1	die Ampel, die Ampeln	إشارة المرور، إشارات المرور
B1	die Kreuzung, die Kreuzungen	التقاطع، التقاطعات

Code	Deutsch	العربية
B1	der Supermarkt, die Supermärkte	السوبر ماركت، أسواق السوبر ماركت
B1	die Kirche, die Kirchen	الكنيسة
B1	die Bank, die Banken	البنك، البنوك
B1	der Spielplatz, die Spielplätze	مكان اللعب، أماكن اللعب
B1	der Taxistand, die Taxistände	محطة سيارة الأجرة، محطات
B4	Das ist ganz einfach.	هذا في منتهى السهولة.
B4	gehen	يذهب، يمشي
B4	geradeaus	إلى الأمام مباشرة
B6	mein Lieblingsort	المكان المحبب إليّ
B6	das Café, die Cafés	المقهى، المقاهي
C1	die Kleidung	الملابس، الثياب
C1	das Wetter (nur Sg.)	الطقس
C1	Wie ist das Wetter?	كيف هو الطقس؟
C1	Es schneit.	إنها تمطر ثلجا.
	Es regnet.	إنها تمطر.
C1	(Es ist) warm.	الجو دافيء.
C1	kalt	بارد
C1	sonnig	مُشمس
C3	der Pullover, die Pullover	السترة، السترات / البلوفر
C3	die Hose, die Hosen	السروال، السراويل
C3	der Mantel, die Mäntel	المعطف، المعاطف
C3	der Handschuh, die Handschuhe	القفاز، القفازات
C3	das T-Shirt, die T-Shirts	التيشيرت، التيشيرتات
C3	der Stiefel, die Stiefel	الحذاء الطويل، الأحذية
C3	die Mütze, die Mützen	القبعة، القبعات
C3	das Kleid, die Kleider	الفستان، الفساتين
C3	der Schal, die Schals	الشال، الشالات
C3	der Schuh, die Schuhe	الحذاء، الأحذية
C3	der Rock, die Röcke	الجونلة، الجونلات
C3	die Socke, die Socken	الجورب، الجوارب
C5	das Jobinterview, die Jobinterviews	مقابلة للعمل، مقابلات للعمل
C5	die Grillparty, die Grillpartys	حفلة الشواء، حفلات الشواء
C5	die Wohnungsbesichtigung, die Wohnungsbesichtigungen	زيارة المسكن، زيارة المساكن
C5	tragen, er / sie trägt (Kleidung)	يلبس، هو يلبس / هى تلبس
C5	die Jeans (nur Pl.)	الجينز
C5	das Hemd, die Hemden	القميص، القمصان
C5	das Sakko, die Sakkos	السترة، السترات
C5	die Jogginghose, die Jogginghosen	سروال الرياضة، سراويل
C5	die Bluse, die Blusen	البلوزة، البلوزات

Glossar Deutsch-Arabisch

C7	blau	الأزرق
C7	rot	الأحمر
C7	grün	الأخضر
C7	gelb	الأصفر
C7	weiß	الأبيض
C7	schwarz	الأسود
C8	das Kopftuch, die Kopftücher	غطاء الرأس، أغطية الرأس
C8	sehen, er / sie sieht	يرى، هو يري / هي تري

Lektion 9

A1	die Familie, die Familien	العائلة، العائلات
A1	die Frau, die Frauen	الزوجة، الزوجات
A1	der Mann, die Männer	الزوج، الأزواج
A1	Das ist mein Mann / meine Frau.	هذا زوجي / هذه زوجتي.
A4	der Sohn, die Söhne	الإبن، الأبناء
A4	die Tochter, die Töchter	البنت، البنات
A6	der Vater, die Väter	الأب، الآباء
A6	die Eltern (nur Pl.)	الوالدان، أولياء الأمور
A6	die Schwester, die Schwestern	الأخت، الأخوات
A6	die Mutter, die Mütter	الأم، الأمهات
A6	der Bruder, die Brüder	الأخ، الإخوة
B1	die Freizeit (nur Sg.)	وقت الفراغ
B1	Was machst du gern?	ماذا تحب أن تعمل؟
B1	tanzen	يرقص
B1	Karten spielen	يلعب الورق ؛ لعب
B1	ins Museum gehen	يذهب للمتحف ؛ الذهاب
B1	ins Café gehen	يذهب للمقهى ؛ الذهاب
B1	Filme sehen	يشاهد الأفلام ؛ مشاهدة
B1	ins Schwimmbad gehen	يذهب لحمام السباحة ؛ الذهاب
B1	Fußball spielen	يلعب كرة القدم ؛ لعب
B1	spazieren gehen	يتنزه ؛ التنزه
B1	chatten	يدردش عبر الإنترنت ؛ الدردشة
B6	das Wochenende, die Wochenenden	نهاية الأسبوع، نهايات الأسبوع
B6	bis (Samstag)	حتي (يوم السبت)
B6	am (Wochende / Samstag /…)	في (نهاية الأسبوع / يوم السبت / …)
B6	Ja, klar.	نعم، هذا واضح.
B9	Hast du am Samstag / Sonntag / … Zeit?	هل عندك وقت يوم السبت / الأحد / …؟
C1	das Internetforum, die Internetforen	منتدى الإنترنت، منتديات الإنترنت
C1	die Zeitung, die Zeitungen	الصحيفة، الصحف
C1	fröhlich	مسرور، مبتهج

C1	lachen	يضحك
C1	die (Lieblings-)Show, die (Lieblings-)Shows	العرض (المحبب)، العروض (المحببة)
C1	lustig	مضحك
C1	oft	غالبا
C1	das Heimweh (nur Sg.)	الحنين للوطن
C1	traurig	حزين
C1	telefonieren	يتصل بالتليفون
C1	das Problem, die Probleme	المشكلة، المشاكل
C1	helfen, er / sie hilft	يساعد، هو يساعد / هي تساعد
C1	immer	دائما
C1	glücklich	سعيد ؛ محظوظ
C1	das Krankenhaus, die Krankenhäuser	المستشفى، المستشفيات
	der Psychologe, die Psychologen	طبيب نفسي، أطباء نفسيين
C1	die Psychologin, die Psychologinnen	طبيبة نفسية، طبيبات نفسية
C1	das Flüchtlingsheim, die Flüchtlingsheime	منزل اللاجئين، منازل اللاجئين
C1	lieben	يحب
C1	nie	أبدا
C1	langweilig	ممل
C1	manchmal	أحيانا
C1	müde	تعبان

Lektion 10

A1	der Kindergarten, die Kindergärten	دار الحضانة، دور الحضانات
A1	die Kinderkrippe, die Kinderkrippen	دار حضانة الرضع، دور حضانات الرضع
A3	Wohin…?	إلي أين …؟
A4	der Stundenplan, die Stundenpläne	جدول المواعيد، جداول المواعيد
A4	Musik	الموسيقى
A4	Mathe(matik)	مادة الحساب
A4	Kunst	الفن
A4	Religion / Ethik	الدين / الأخلاق
A4	Sport	الرياضة
A5	die Hausaufgabe, die Hausaufgaben	الواجب المنزلي، الواجبات المنزلية
A7	Gute Besserung!	الشفاء العاجل! سلامتك!
A7	Gibt es Hausaufgaben?	هل هناك واجبات منزلية؟
B1	Autos reparieren	يصلح السيارات ؛ إصلاح
B1	Haare schneiden	يقص الشعر ؛ قص
B1	programmieren	يبرمج

B1	Kranke pflegen	يرعى المرضى، تمريض المرضى
B1	nähen	خاط، يخيط / حاك، يحيك
B1	der LKW, die LKWs	الشاحنة، الشاحنات
B2	Was kannst du gut?	ماذا تعرف جيدا؟
B2	können, er / sie kann	يستطيع، هو يستطيع / هى تستطيع
B5	die Berufserfahrung, die Berufserfahrungen	الخبرة المهنية، الخبرات
B5	der Taxifahrer, die Taxifahrer	سائق تاكسي، سواق
B5	die Taxifahrerin, die Taxifahrerinnen	سائقة تاكسي، سائقات
B5	das Praktikum, die Praktika	تدريب (عملي)
B5	das Studium	الدراسة
B5	die Grundschule, die Grundschulen	المدرسة الإبتدائية، المدارس الإبتدائية
B5	das Gymnasium, die Gymnasien	المدرسة الثانوية، المدارس الثانوية
B6	die Kenntnis, die Kenntnisse	المعرفة، المعارف
B6	die Fähigkeit, die Fähigkeiten	القدرة، القدرات
B6	der Computer, die Computer	الحاسب الآلي، الحواسب الآلية

B6	das Hobby, die Hobbys	الهواية، الهوايات
C1	die Medien (Pl.)	وسائل الإعلام
C1	das Internet-Café, die Internet-Cafés	مقهي الإنترنت، مقاهي الإنترنت
C1	die Bibliothek, die Bibliotheken	المكتبة، المكتبات
C2	(im Internet) surfen	يتصفح (الانترنت)
C2	Radio hören	يسمع الراديو
C2	das Radio, die Radios	جهاز الراديو، أجهزة الراديو
C2	die Zeitschrift, die Zeitschriften	المجلة، المجلات
C2	das (Facebook-)Profil, die (Facebook-)Profile	حساب علي (الفيس بووك)، حسابات
C2	der Kontakt, die Kontakte	قائمة الأصدقاء، قوائم الأصدقاء
C2	das Tablet, die Tablets	التابلت (الكمبيوتر الصغير)
C2	das Buch, die Bücher	الكتاب، الكتب
C2	lesen, er / sie liest	يقرأ، هو يقرأ / هى تقرأ
C2	kostenlos	مجانا
C2	Liebe Grüße	مع أرق التحيات
C2	leicht	سهل ؛ خفيف
C3	das Smartphone, die Smartphones	الهاتف الذكي، الهواتف الذكية

Quellen

U1 iStockphoto (Yuri_Arcurs), Calgary, Alberta; 006.1 getty images (Hero Images), München; 006.2 iStockphoto (mattjeacock), Calgary, Alberta; 006.3 iStockphoto (mattjeacock), Calgary, Alberta; 006.4 picture-alliance (Henning Kaiser), Frankfurt; 007.1 getty images (Tetra Images), München; 008.1 Shutterstock (Marinovicphotography), New York; 008.2 Shutterstock (michaeljung), New York; 008.3 iStockphoto (Pamela Moore), Calgary, Alberta; 008.4 iStockphoto (wundervisuals), Calgary, Alberta; 009.1 Shutterstock (Albertiniz), New York; 009.2 Klett-Archiv (Elisabeth Kunze), Stuttgart; 010.1 iStockphoto (julief514), Calgary, Alberta; 010.2 Shutterstock (Yuriy Rudyy), New York; 011.1 Klett-Archiv (Stephan Klonk), Stuttgart; 011.2 Shutterstock (William Perugini), New York; 011.3 Shutterstock (VOJTa Herout), New York; 011.4 Shutterstock (VOJTa Herout), New York; 012.1 Shutterstock (Andrey_Popov), New York; 012.2 Fotolia (peshkov), New York; 012.3 Shutterstock (Di Studio), New York; 012.4 Shutterstock (Voronin76), New York; 012.5 Klett-Archiv (Andreas Kunz), Stuttgart; 012.6 Default-Eintrag , Defaultsitz; 012.7 Default-Eintrag , Defaultsitz; 012.8 Klett-Archiv (Andreas Kunz), Stuttgart; 012.9 Klett-Archiv (Andreas Kunz), Stuttgart; 013.1 Default-Eintrag , Defaultsitz; 013.2 Shutterstock (mimagephotography), New York; 013.3 Shutterstock (Syda Productions), New York; 013.4 Shutterstock (Skylines), New York; 013.5 Shutterstock (Be Good), New York; 013.6 Shutterstock (Rawpixel.com), New York; 013.7 Shutterstock (Yuriy Rudyy), New York; 013.8 Shutterstock (demarcomedia), New York; 013.9 Klett-Archiv (Andreas Kunz), Stuttgart; 013.10 Shutterstock (lessandro guerriero), New York; 013.11 Shutterstock (totallypic), New York; 013.12 Klett-Archiv (Andreas Kunz), Stuttgart; 014.1 Shutterstock (Vitaly Zorkin), New York; 014.2 Shutterstock (wavebreakmedia), New York; 018.1 Stephan Klonk (Stephan Klonk), Stuttgart; 018.2 dpa; 019.1 Stephan Klonk (Stephan Klonk), Stuttgart; 020.1 dpa; 020.2 dpa; 021.1 getty images (Robin Skjoldborg), München; 021.2 Shutterstock (ZouZou), New York; 022.1 Thinkstock (BananaStock), München; 023.1 iStockphoto (sanjeri), Calgary, Alberta; 023.2 iStockphoto (alvarez), Calgary, Alberta; 023.3 iStockphoto (zoranm), Calgary, Alberta; 024.1 iStockphoto (Olivier Lantzendorffer), Calgary, Alberta; 024.2 iStockphoto (Olivier Lantzendorffer), Calgary, Alberta; 024.3 iStockphoto (Olivier Lantzendorffer), Calgary, Alberta; 024.4 iStockphoto (Olivier Lantzendorffer), Calgary, Alberta; 024.5 iStockphoto (Olivier Lantzendorffer), Calgary, Alberta; 024.6 iStockphoto (Olivier Lantzendorffer), Calgary, Alberta; 024.7 iStockphoto (Olivier Lantzendorffer), Calgary, Alberta; 024.8 iStockphoto (Olivier Lantzendorffer), Calgary, Alberta; 024.9 iStockphoto (eyegelb), Calgary, Alberta; 025.1 Shutterstock (Konstantin Kolosov), New York; 025.2 Shutterstock (iordani), New York; 025.3 Shutterstock (Kenneth Man), New York; 025.4 Shutterstock (Asier Romero), New York; 025.5 Shutterstock (Gelpi), New York; 025.6 Shutterstock (szefei), New York; 025.7 Shutterstock (Roxana Gonzalez), New York; 025.8 iStockphoto (alvarez), Calgary, Alberta; 025.9 Shutterstock (Luis Molinero), New York; 026.1 iStockphoto (Olivier Lantzendorffer), Calgary, Alberta; 026.2 iStockphoto (Olivier Lantzendorffer), Calgary, Alberta; 026.3 iStockphoto (Olivier Lantzendorffer), Calgary, Alberta; 027.1 getty images (Robin Skjoldborg), München; 027.2 Shutterstock (ZouZou), New York; 028.1 iStockphoto (deepblue4you), Calgary, Alberta; 028.2 iStockphoto (&#169 Amy Myers), Calgary, Alberta; 028.3 Shutterstock (Viktor Kunz), New York; 028.4 Shutterstock (Sergio Foto), New York; 030.1 Klett-Archiv (Andreas Kunz), Stuttgart; 030.2 Klett-Archiv (Andreas Kunz), Stuttgart; 031.1 Klett-Archiv (Elsiabeth Kunze), Stuttgart; 031.2 Klett-Archiv (Elisabeth Kunze), Stuttgart; 031.3 Klett-Archiv (Elisabeth Kunze), Stuttgart; 031.4 Klett-Archiv (Elisabeth Kunze), Stuttgart; 031.5 Shutterstock (bergamont), New York; 031.7 Shutterstock (fotosv), New York; 031.8 Shutterstock (prapann), New York; 031.9 Fotolia (Rawpixel.com), New York; 031.10 Klett-Archiv (Andreas Kunz), Stuttgart; 032.2 Shutterstock (andersphoto), New York; 032.3 Shutterstock (Iriana Shiyan), New York; 032.4 iStockphoto (KatarzynaBialasiewicz), Calgary, Alberta; 032.5 Thinkstock (Siri Stafford), München; 032.6 Shutterstock (Khafizov Ivan Harisovich), New York; 032.7 iStockphoto (Nicolas McComber), Calgary, Alberta; 032.8 iStockphoto (KatarzynaBialasiewicz), Calgary, Alberta; 032.9 Fotolia (Tom Bayer), New York; 033.1 Klett-Archiv (Elisabeth Kunze), Stuttgart; 033.2 Klett-Archiv (Elisabeth Kunze), Stuttgart; 034.1 Fotolia (philipk76), New York; 035.1 picture-alliance (Jens Kalaene), Frankfurt; 036.1 Shutterstock (photka), New York; 036.2 Shutterstock (yurchello108), New York; 036.3 Shutterstock (windu), New York; 036.4 Shutterstock (bergamont), New York; 036.5 Shutterstock (goir), New York; 036.6 Shutterstock (gresei), New York; 036.7 Shutterstock (Christian Jung), New York; 036.8 Shutterstock (1000 Words), New York; 036.9 Shutterstock (fotosv), New York; 037.1 iStockphoto (KatarzynaBialasiewicz), Calgary, Alberta; 037.2 iStockphoto (mediaphotos), Calgary, Alberta; 037.3 iStockphoto (Charles Schmidt), New York; 037.4 iStockphoto (Nicolas McComber), Calgary, Alberta; 037.5 Klett-Archiv (Elisabeth Kunze), Stuttgart; 037.6 Shutterstock (antpkr), New York; 037.7 iStockphoto (KatarzynaBialasiewicz), Calgary, Alberta; 037.8 Shutterstock (Somchai Som), New York; 037.9 Shutterstock (Luis Viegas), New York; 037.10 Klett-Archiv (Elisabeth Kunze), Stuttgart; 037.11 Shutterstock (Imran's Photography), New York; 037.12 Shutterstock (VICTOR TORRES), New York; 038.1 Shutterstock (photka), New York; 038.2 Shutterstock (yurchello108), New York; 038.3 Shutterstock (bergamont), New York; 038.4 Shutterstock (Maxx-Studio), New York; 038.5 Shutterstock (prapann), New York; 038.6 Shutterstock (Guillermo del mo), New York; 038.7 Shutterstock (Christian Jung), New York; 038.8 Shutterstock (windu), New York; 038.9 Shutterstock (1000 Words), New York; 038.10 Shutterstock (fotosv), New York; 043.1 Klett-Archiv (Elisabeth Kunze), Stuttgart; 045.1 picture-alliance (Hermann Haarmann), Frankfurt; 046.1 Fotolia (micromonkey), New York; 046.2 iStockphoto (Spotmatik), Calgary, Alberta; 046.3 iStockphoto (Susan Chiang), Calgary, Alberta; 046.4 Fotolia (andreastock), New York; 046.5 Fotolia (drubig-photo), New York; 047.1 picture-alliance (Boris Roessler), Frankfurt; 047.2 Shutterstock (Eugenio Marongiu), New York; 048.1 iStockphoto (m-imagephotography), Calgary, Alberta; 048.2 iStockphoto (PeopleImages), Calgary, Alberta; 048.3 Shutterstock (melis), New York; 048.4 Shutterstock (Ami Parikh), New York; 048.5 Shutterstock (Raquel Camacho G mez), München; 048.6 Klett-Archiv (Elisabeth Kunze), Stuttgart; 048.7 iStockphoto (rotofrank), Calgary, Alberta; 048.8 iStockphoto (rotofrank), Calgary, Alberta; 048.9 iStockphoto (rotofrank), Calgary, Alberta; 048.10 iStockphoto (rotofrank), Calgary, Alberta; 049.1 iStockphoto (Spotmatik), Calgary, Alberta; 049.2 iStockphoto (sturti), Calgary, Alberta; 049.3 Fotolia (micromonkey), New York; 049.4 iStockphoto (Izabela Habur), Calgary, Alberta; 049.5 Fotolia (Minerva Studio), New York; 049.6 Fotolia (Kadmy), New York; 049.7 iStockphoto (Antonio_Diaz), Calgary, Alberta; 049.8 iStockphoto (Susan Chiang), Calgary, Alberta; 049.9 Fotolia (upixa), New York; 049.10 iStockphoto (Susan Chiang), Calgary, Alberta; 049.11 Fotolia (drubig-photo), New York; 049.12 Fotolia (micromonkey), New York; 051.1 Shutterstock (pixelheadphoto), New York; 052.1 Fotolia (micromonkey), New York; 052.2 Fotolia (andreastock), New York; 052.3 iStockphoto (Susan Chiang), Calgary, Alberta; 052.4 iStockphoto (Spotmatik), Calgary, Alberta; 056.1 Shutterstock (Borysevych.com), New York; 056.2 Fotolia (leungchopan), New York; 056.3 iStockphoto (Gawrav Sinha), New York; 056.4 Fotolia (Andrey Popov), New York; 056.5 Shutterstock (kpatyhka), New York; 056.6 Shutterstock (Kamira), New York; 057.1 Shutterstock (Wiro.Klyngz), New York; 057.2 Shutterstock (patrisyu), New York; 057.3 iStockphoto (PeopleImages), Calgary, Alberta; 057.4 Shutterstock (Robert Kneschke), New York; 058.1 Shutterstock (FabrikaSimf), New York; 058.2 Fotolia (ksena32), New York; 058.3 Shutterstock (Elena Schweitzer), New York; 058.4 Fotolia (pit24), New York; 058.5 Shutterstock (Ramona Heim), New York; 058.6 Shutterstock (Anna Serbolina), New York; 058.7 Thinkstock (Wavebreakmedia Ltd), München; 058.8 Shutterstock (Africa Studio), New York; 058.9 Shutterstock (FabrikaSimf), New York; 058.10 Shutterstock (Elisanth), New York; 058.11 Klett-Archiv (Elisabeth Kunze), Stuttgart; 058.12 Shutterstock (Sergiy Kuzmin), New York; 058.13 Fotolia (hanivart24), New York; 059.1 Shutterstock (Alexander Raths), New York; 059.2 Shutterstock (Steve Debenport), Calgary, Alberta; 060.1 Thinkstock (IPGGutenbergUKLtd), München; 060.2 iStockphoto (Joan Vicent Canto Roig), Calgary, Alberta; 060.3 Shutterstock (StudioSmile), New York; 060.4 Shutterstock (Dan Kosmayer), New York; 060.5 iStockphoto (shapecharge), Calgary, Alberta; 060.6 iStockphoto (LeventeGyori), New York; 060.7 Shutterstock (Piotr Marcinski), New York; 060.8 Shutterstock (Dewald Kirsten), New York; 060.9 Shutterstock (Pop Paul-Catalin), New York; 061.1 Shutterstock (stockyimages), New York; 061.2 Shutterstock (musicman), New York; 061.3 Shutterstock (Kamira), New York; 061.4 Shutterstock (Borysevych.com), New York; 061.5 Fotolia (leungchopan), New York; 061.6 Shutterstock (Andrey_Popov), New York; 061.7 Klett-Archiv (Elisabeth Kunze), Stuttgart; 061.8 Fotolia (Alexander Raths), New York; 061.9 Fotolia (contrastwerkstatt), New York; 061.10 Shutterstock (FabrikaSimf), New York; 061.11 Shutterstock (Anna Serbolina), New York; 061.12 Shutterstock (Africa Studio), New York; 062.1 Shutterstock (Anan Kaewkhammul), New York; 062.2 Shutterstock (gillmar), New York; 062.3 Shutterstock (reviso Photography), New York; 062.4 Default-Eintrag (zhengzaishuru), Defaultsitz; 063.1 iStockphoto (Gawrav Sinha), Calgary, Alberta; 063.2 Shutterstock (kpatyhka), New York; 063.3 Shutterstock (Lipskiy), New York; 063.4 Shutterstock (Borysevych.com), New York; 063.5 Shutterstock (FabrikaSimf), New York; 064.2 Shutterstock (Africa Studio), New York; 064.3 Shutterstock (Sergiy Kuzmin), New York; 064.4 Fotolia (hanivart24), New York; 064.5 iStockphoto (urbancow), Calgary, Alberta; 064.6 iStockphoto (urbancow), Calgary, Alberta; 066.1 iStockphoto , Calgary, Alberta; 066.2 iStockphoto (Nailia Schwarz), Calgary, Alberta; 066.3 iStockphoto (Olivier Blondeau), Calgary, Alberta; 066.4 iStockphoto (karandaev), Calgary, Alberta; 066.5 Fotolia (Mara Zemgaliete), New York; 066.6 Fotolia (ExQuisine), New York; 066.7 iStockphoto (YinYang), Calgary, Alberta; 066.8 Fotolia (Koraysa), New York; 066.9 Fotolia (leventina), New York; 066.10 Fotolia (alter_photo), New York; 066.11 Fotolia (Natika), New York; 066.12 Fotolia (picsfive), New York; 066.13 iStockphoto (Adam Smigielski), Calgary, Alberta; 066.14 Fotolia (showcake), New York; 066.15 Shutterstock (Evgeny Karandaev), New York; 066.16 iStockphoto (Floortje), Calgary, Alberta; 066.17 Fotolia (ZoneCreative), New York; 066.18 Fotolia (aboikis), New York; 066.19 Fotolia (Jacek Fulawka), New York; 066.20 iStockphoto (AlexRaths), Calgary, Alberta; 066.21 Fotolia (minadezhda), New York; 067.1 Arco Images GmbH / Alamy Stock Foto; 067.2 iStockphoto (&#169 stocksnapper), Calgary, Alberta; 067.3 iStockphoto (Ivan Bajic), Calgary, Alberta; 067.4 Fotolia (womue), New York; 067.5 Klett-Archiv (Elisabeth Kunze), Stuttgart; 068.1 iStockphoto (karandaev), Calgary, Alberta; 068.2 iStockphoto (Evgeny Karandaev), New York; 068.3 Fotolia (Mareike Budde), New York; 068.4 Shutterstock (Birgit Reitz-Hofmann), New York; 068.5 Fotolia (Natika), New York; 068.6 iStockphoto (Kondor83), Calgary, Alberta; 068.7 Fotolia (Eisenhans), New York; 068.8 Shutterstock (Mahlebashieva), New York; 068.9 Shutterstock (Roman Samokhin), New York; 068.10 Klett-Archiv (Stephan Klonk), Stuttgart; 069.1 iStockphoto (emeliemaria), Calgary, Alberta; 069.2 Klett-Archiv (Elisabeth Kunze), Stuttgart; 071.1 dpa; 072.1 iStockphoto (milanfoto), Calgary, Alberta; 072.2 Fotolia (Yeko Photo Studio), New York; 072.3 iStockphoto (Mehmet Hilmi Barcin), Calgary, Alberta; 072.4 Fotolia (Laimdota Grivane), New York; 072.5 Fotolia (Koraysa), New York; 072.6 iStockphoto (Olivier Blondeau), Calgary, Alberta; 072.7 iStockphoto (Barcin), Calgary, Alberta; 072.8 iStockphoto (SvetlanaK), Calgary, Alberta; 072.9 iStockphoto (RogiervdE), Calgary, Alberta; 073.1 iStockphoto (Adam Smigielski), Calgary, Alberta; 073.2 iStockphoto (showcake), Calgary, Alberta; 073.3 Fotolia (picsfive), New York; 073.4 iStockphoto (Floortje), Calgary, Alberta; 073.5 Fotolia (ZoneCreative), New York; 073.6 Fotolia (ArtCookStudio), New York; 073.7 Thinkstock (robertthyrons), München; 073.8 Shutterstock (ILYA AKINSHIN), New York; 073.9 Shutterstock (Yellow Cat), New York; 073.10 Shutterstock (Elena Elisseeva), New York; 073.11 Shutterstock (Elena Elisseeva), New York; 073.12 Fotolia (Angel Simon), New York; 074.1 iStockphoto (Adam Smigielski), New York; 074.2 Fotolia (Mareike Budde), New York; 074.3 Fotolia (Floortje), New York; 074.4 Fotolia (ZoneCreative), New York; 074.5 iStockphoto (milanfoto), Calgary, Alberta; 074.6 Fotolia (alter_photo), New York; 074.7 iStockphoto (Nailia Schwarz), Calgary, Alberta; 074.8 iStockphoto (karandaev), Calgary, Alberta; 074.9 Fotolia (ExQuisine), New York; 074.10 iStockphoto (AlexRaths), Calgary, Alberta; 074.11 iStockphoto (Floortje), Calgary, Alberta; 074.12 Fotolia (ZoneCreative), New York; 074.13 iStockphoto (milanfoto), Calgary, Alberta; 074.14 iStockphoto (karandaev), Calgary, Alberta; 074.15 Fotolia (leventina), New York; 074.16 Fotolia (Natika), New York; 075.1 iStockphoto (MEHMET CAN), Calgary, Alberta; 075.2 Fotolia (euthymia), New York; 075.3 iStockphoto (djgunner), Calgary, Alberta; 078.1 Shutterstock (Frank Fiedler), New York; 079.1 Shutterstock (Kitja Kitja), New York; 079.2 Klett-Archiv (Elisabeth Kunze), Stuttgart; 082.1 123RF.com (Darius Turek), Nidderau; 082.2 Klett-Archiv (Elisabeth Kunze), Stuttgart; 083.1 Shutterstock (wavebreakmedia), New York; 083.2 123RF.com (kunertus), Nidderau; 084.1 Shutterstock (cubart), New York; 084.2 iStockphoto (KristinaJovanovic), Calgary, Alberta; 084.3 Shutterstock (suwijaknook6644689), New York; 084.4 iStockphoto (PhonlamaiPhoto), Calgary, Alberta; 084.5 Fotolia (Thomas Linß), New York; 084.6 Klett-Archiv (Elisabeth Kunze), Stuttgart; 084.7 Klett-Archiv (Elisabeth Kunze), Stuttgart; 084.8 iStockphoto (PeopleImages), Calgary, Alberta; 084.9 iStockphoto (kupicoo), Calgary, Alberta; 085.1 Shutterstock (g-stockstudio), New York; 085.2 iStockphoto (mediaphotos), Calgary, Alberta; 085.3 iStockphoto (JackF), Calgary, Alberta; 085.4 Shutterstock (Syda Productions), New York; 085.5 Shutterstock (YinYang), Calgary, Alberta; 085.6 iStockphoto (g-stockstudio), Calgary, Alberta; 085.7 iStockphoto (PeopleImages), Calgary, Alberta; 085.8 Shutterstock (AJ_Watt), Calgary, Alberta; 085.9 Klett-Archiv (Elisabeth Kunze), Stuttgart; 085.10 Klett-Archiv (Elisabeth Kunze), Stuttgart; 085.11 Klett-Archiv (Elisabeth Kunze), Stuttgart; 085.12 Klett-Archiv (Elisabeth Kunze), Stuttgart; 086.1 Shutterstock (Frank Fiedler), New York; 090.1 iStockphoto (DarthArt), Calgary, Alberta; 090.2 iStockphoto (Holger Mette), Calgary, Alberta; 090.3 iStockphoto (ollo), Calgary, Alberta; 090.4 iStockphoto (hanohiki), Calgary, Alberta; 090.5 iStockphoto (MarioGuti), Calgary, Alberta; 090.6 iStockphoto (DarthArt), Calgary, Alberta; 091.1 ralfkruse.de; 093.1 Shutterstock (mattomedia Werbeagentur), New York; 094.1 iStockphoto (Grape_vein), Calgary, Alberta; 094.2 iStockphoto (deniztuyel), Calgary, Alberta; 094.3 Shutterstock (Tarzhanova), New York; 094.4 iStockphoto (EmelyanovArthur), Calgary, Alberta; 094.5 iStockphoto (bonetta), Calgary, Alberta; 094.6 iStockphoto (chengyuzheng), Calgary, Alberta; 094.7 Shutterstock (Antagain), Calgary, Alberta; 094.8 iStockphoto (Tarzhanova), Calgary, Alberta; 094.9 iStockphoto (Leonid Nyshko), Calgary, Alberta; 094.10 iStockphoto (deepblue4you), Calgary, Alberta; 094.11 iStockphoto (Tarzhanova), Calgary, Alberta; 094.12 iStockphoto (deepblue4you), Calgary, Alberta; 095.1 iStockphoto (LiudmylaSupynska), Calgary, Alberta; 095.1 iStockphoto (laflor), Calgary, Alberta; 095.2 iStockphoto (vgajic), Calgary, Alberta; 095.3 iStockphoto (-Robbie-), Calgary, Alberta; 095.4 Klett-Archiv (Elisabeth Kunze), Stuttgart; 096.1 iStockphoto (DarthArt), Calgary, Alberta; 096.2 iStockphoto (Holger Mette), Calgary, Alberta; 096.3 iStockphoto (MarioGuti), Calgary, Alberta; 096.4 iStockphoto (hanohiki), Calgary, Alberta; 096.5 iStockphoto (DarthArt), Calgary, Alberta; 096.6 iStockphoto (ollo), Calgary, Alberta; 096.7 Shutterstock (jvinasd), New York; 096.8 Shutterstock (jvinasd), New York; 096.9 Shutterstock (M. Rohana), New York; 097.1 Shutterstock (jan kranendonk), New York; 097.2 Shutterstock (Philip Lange), New York; 097.3 Shutterstock (Christian Draghici), New York; 097.4 Shutterstock (Tupungato), New York; 097.5 iStockphoto (nyul), Calgary, Alberta; 097.6 iStockphoto (deniztuyel), Calgary, Alberta; 097.7 iStockphoto (Tarzhanova), New York; 097.8 iStockphoto (elenovsky), New York; 097.9 Shutterstock (elenovsky), New York; 097.10 Shutterstock (Tarzhanova), New York; 097.11 iStockphoto (deepblue4you), Calgary, Alberta; 097.12 Shutterstock (Kitzero), New York; 098.1 iStockphoto (DarthArt), Calgary, Alberta; 098.2 iStockphoto (Holger Mette), Calgary, Alberta; 098.3 iStockphoto (MarioGuti), Calgary, Alberta; 098.4 iStockphoto (hanohiki), Calgary, Alberta; 098.5 iStockphoto (DarthArt), Calgary, Alberta; 098.6 iStockphoto (ollo), Calgary, Alberta; 102.1 Shutterstock (Andrey_Popov), New York; 102.2 iStockphoto (teksomolika), Calgary, Alberta; 102.3 picture-alliance (Peter Endig), Frankfurt; 103.1 iStockphoto (Linda Yolanda), Calgary, Alberta; 103.2 iStockphoto (Stepan Popov), Calgary, Alberta; 104.1 iStockphoto (kupicoo), Calgary, Alberta; 104.2 Shutterstock (Daniel M Ernst), New York; 105.1 Elisabeth Mossbauer , Leizig; 105.2 Klett-Archiv (Stephan Klonk), Stuttgart; 106.1 picture-alliance (Waltraud Grubitzsch), Frankfurt; 106.2 dpa; 106.3 iStockphoto (Chris Schmidt), Calgary, Alberta; 108.1 iStockphoto (laflor), Calgary, Alberta; 108.2 iStockphoto (laflor), Calgary, Alberta; 108.3 iStockphoto (pixdeluxe), Calgary, Alberta; 108.4 iStockphoto (pixdeluxe), Calgary, Alberta; 108.5 iStockphoto (pixdeluxe), Calgary, Alberta; 108.6 iStockphoto (pixdeluxe), Calgary, Alberta; 108.7 iStockphoto (pixdeluxe), Calgary, Alberta; 108.8 iStockphoto (pixdeluxe), Calgary, Alberta; 108.9 iStockphoto (pixdeluxe), Calgary, Alberta; 109.2 iStockphoto (ByeByeTokyo), Calgary, Alberta; 109.3 Thinkstock (AndreyPopov), München; 109.4 Thinkstock (Comstock), München; 109.5 Thinkstock (moodboard), München; 109.6 iStockphoto (AzmanL), Calgary, Alberta; 109.7 Thinkstock (TongRo Images), München; 109.8 iStockphoto (Nailia Schwarz), Calgary, Alberta; 109.9 iStockphoto (Nailia Schwarz), Calgary, Alberta; 109.10 iStockphoto (PeopleImages), Calgary, Alberta; 109.11 Shutterstock (Andrey_Popov), New York; 109.12 Klett-Archiv (Andreas Kunz), Stuttgart; 110.1 iStockphoto (Yuri_Arcurs), Calgary, Alberta; 110.2 iStockphoto (mapodile), Calgary, Alberta; 110.3 iStockphoto (pixdeluxe), Calgary, Alberta; 110.4 iStockphoto (pixdeluxe), Calgary, Alberta; 110.5 iStockphoto (pixdeluxe), Calgary, Alberta; 110.6 iStockphoto (pixdeluxe), Calgary, Alberta; 110.7 iStockphoto (pixdeluxe), Calgary, Alberta; 111.1 iStockphoto (gl0ck), Calgary, Alberta; 111.2 iStockphoto (andy0man), Calgary, Alberta; 111.3 iStockphoto (djgunner), Calgary, Alberta; 111.4 Thinkstock (ConstantinosZ), München; 111.5 Thinkstock (Creatas), München; 114.1 iStockphoto (Christopher Futcher), Calgary, Alberta; 114.2 iStockphoto (kali9), Calgary, Alberta; 114.3 iStockphoto (Christopher Futcher), Calgary, Alberta; 114.4 Klett-Archiv (Elsiabeth Kunze), Stuttgart; 114.5 picture-alliance (Frank Rumpenhorst), Frankfurt; 115.1 Fotolia (De Visu), New York; 116.1 iStockphoto (Minerva Studio), New York; 116.2 iStockphoto (Levent Konuk), Calgary, Alberta; 116.3 iStockphoto (ronstik), Calgary, Alberta; 116.4 iStockphoto (Steve Debenport), New York; 116.5 iStockphoto (kali9), Calgary, Alberta; 116.6 iStockphoto (Monkey Business Images), New York; 116.7 Shutterstock (Carlos andre Santos), New York; 117.1 Shutterstock (pio3), New York; 118.1 iStockphoto (Jacob Ammentorp Lund), Calgary, Alberta; 119.1 Default-Eintrag , Defaultsitz; 120.1 iStockphoto (Christopher Futcher), Calgary, Alberta; 120.3 iStockphoto (Weekend Images Inc.), Calgary, Alberta; 120.4 iStockphoto (Minerva Studio), Calgary, Alberta; 120.5 iStockphoto (Levent Konuk), Calgary, Alberta; 120.6 iStockphoto (Steve Debenport), Calgary, Alberta; 120.7 iStockphoto (kali9), Calgary, Alberta; 120.8 iStockphoto (ronstik), New York; 120.9 Shutterstock (Monkey Business Images), New York; 121.1 iStockphoto (&#169 Nadejda Reid), Calgary, Alberta; 121.2 Fotolia (mangostock), New York; 121.3 Shutterstock (Marius Rudzianskas), New York; 121.4 iStockphoto (MattKay), Calgary, Alberta; 121.5 iStockphoto (StockFinland), Calgary, Alberta; 121.6 iStockphoto (softdelusion), New York; 121.7 iStockphoto (Estherrr), Calgary, Alberta; 121.8 Shutterstock (Brian A Jackson), New York; 121.9 iStockphoto (pepifoto), Calgary, Alberta; 121.10 Klett-Archiv (Elisabeth Kunze), Stuttgart; 121.11 iStockphoto (Saklakova), Calgary, Alberta; 122.1 iStockphoto (Christopher Futcher), Calgary, Alberta; 122.2 iStockphoto (kali9), Calgary, Alberta; 122.3 iStockphoto (Christopher Futcher), Calgary, Alberta; 122.4 Klett-Archiv (Elisabeth Kunze), Stuttgart; 123.1 Thinkstock (gavran333), München; 123.2 iStockphoto (MattKay), Calgary, Alberta; 123.3 Shutterstock (Monkey Business Images), New York; 123.4 Thinkstock (Harry Starr), München; 123.5 Thinkstock (goir), München; 123.6 Thinkstock (Medioimages/Photodisc), München; U2 © Ernst Klett Verlag GmbH; U3 Klett-Archiv, Stuttgart